안상순

30년 넘도록 사전을 만든 사람.

모든 말은 소중한 우리말 자원이자 한 시대의 문화와
사유가 응축된 결과물이라고 생각한다. 가능한 많은
어휘를 채집하고자 노력했고 방치된 말을 부지런히 찾아
풀이를 붙였다. 그럼에도 사전 편찬은 영원히 끝나지 않는
미완성의 작업이라고 느낀다.

금성출판사 사전팀장으로 일하며 1989년 국어연구소
(현 국립국어원)의 어문 규정 개정 후 그 내용을 바로
반영해 출간한 『금성판 국어대사전』(1991)의 총괄책임을
맡았고, 이후 『표준국어대사전』 정보 보완 심의 위원,
국립국어원 말다듬기 위원, 문화체육관광부
국어심의회 위원 등으로 활동했다. 『데스크국어사전』,

『뉴에이스국어사전』,
『콘사이스국어사전』,
『뉴에이스문장사전』 등의
편찬에 참여했다.

우리말 어감사전

우리말 어감사전

말의 속뜻을 잘 이해하고
표현하는 법

안상순 지음

일러두기

1. 이 책에서는 기본적으로 뜻과 쓰임에 공통점과 차이점이 있는 단어들을
   모아서 비교·대조했다. 다만 독자의 편의를 위하여 뜻만 비슷할 뿐 쓰임에는
   공통점이 없는 일부 혼동어도 함께 다루었다.

2. 한 꼭지 내에서 단어의 배열은 포괄하는 개념이 더 넓은 단어 혹은 더 흔히 쓰이는
   단어가 앞에 오도록 하는 것을 원칙으로 했다.

3. 용례 속 표제어는 맥락에 따른 쓰임의 옳고 그름을 별도 표시 유무로 구별해
   놓았다. 올바르게 쓰인 경우는 별도 표시를 하지 않았고 어색하게 쓰인 경우
   세모표를, 올바르지 않게 쓰인 경우 가위표를 위첨자로 덧붙였다.
   <예> 인간은 도구를/연장을˄/기구를˟ 만드는 동물이다.

모호한 '감'으로 익힌 한국어에서
단단한 '앎'에 기반한 한국어로

우리는 누구나 언어를 구사하는 능력을 가지고 태어납니다. 그 능력 속에는 비슷한 두세 단어를 구별해 쓰는 능력도 포함되지요. 가령 '간섭'과 '참견'이 어떻게 다른지는 설명하지 못해도 '내정' 뒤에는 '간섭'이 와야 하고 '지나친' 뒤에는 '간섭'과 '참견' 모두 올 수 있다는 것을 '감'으로 압니다. '강연'과 '강의'는 얼핏 같거나 비슷한 말 같지만 강연 장소는 자연스럽게 '강연장', 강의 장소는 당연히 '강의실'이라 부르지요. 한국어를 모어로 사용하는 사람이 이런 비슷한 단어들을 문맥에 따라 적절히 선택해 쓰는 것은 지극히 자연스러운 일입니다.

하지만 한국어를 외국어로 공부하는 친구가 간섭과 참견의 차이가 무엇인지, 강의와 강연이 왜 다른지 묻는다면 뭐라고 답할 수 있을까요?

"글쎄, 잘 모르겠는데? 비슷한데 같지는 않아."

"뉘앙스? 어감이 좀 다른 것 같은데? 참견은 별다른 영향력이 없어도 할 수 있을 것 같고, 간섭은 영향력이 있어야 할 수 있을 것 같아."

대충 이렇게 모면하고 나면 스스로도 내가 이 단어를 정확히 아는 게 맞나 의아해지기 시작합니다. 익숙하고 쉬운 말이 낯설고 모호해지는 거죠. 왜 그럴까요?

아마 일상 언어가 말로 명료하게 표현할 수 있는 명시적 지식보다 무의식에 내면화된 암묵적 지식에 바탕을 두기 때문일 겁니다. 그렇기에 언어에서는 말의 느낌과 맛, 즉 '어감'의 차이를 익히는 일이 무엇보다 중요합니다.

의미는 비슷하나 어감은 다른 말, 그래서 때로 쓰임도 다른 말을 우리는 '유의어'라고 합니다. 그야말로 미묘한 차이를 가진 말이지요. 서로 무엇이 같고 다른지 명쾌하게 집어내기 어렵기에 무의식중에는 구별해 쓰다가도 정신을 바짝 차리고 골라 쓰려고 하면 헷갈릴 때가 많습니다.

동일한 문맥에서 바꾸어 쓸 수 있다고 해서 유의어를 무심코 동의어와 다르지 않다 여기는 이들도 있지만 둘은 엄밀히 다른 개념입니다. 그리고 일상에서 우리는 동의어보다 유의어를 더 자주 접합니다. 그런데도 흔히 유의어를 동의어인 양 이런저런 문장에서 무신경하게 바꾸어 씁니다.

공원에 벚꽃이 만개했어요.
공원에 벚꽃이 만발했어요.

위 문장에서 '만개'와 '만발'은 꽃이 활짝 다 핀 상태를 묘사하는 말로, 바꾸어 써도 의미의 차이가 없는 동의어처럼 보이지만 사실 미묘하게 다른 유의어입니다. 만발이라고 하면 공원이 수많은 벚꽃으로 뒤덮였다는 의미가 되고 만개라고 하면 벚꽃의 개화가 최고조에 이르렀다는 의미가 되지요.

이 같은 태도는 놀랍게도 국어사전에서도 종종 보입니다. 지금 우리 국어사전은 '수영'과 '헤엄', '과실'과 '과일' 같은 엄연한 유의어를 동의어로 처리합니다. 개가 헤엄을 쳐서 강을 건너는 것은 자연스러운 반면 수영을 해서 강을 건너는 건 자연스럽지 않고, 냉장고에서 과실을 꺼내 깎아 먹자고 하면 누구든 의아해할 텐데 말이지요. 이 경우 두 단어의 독자성이나 차이는 가뭇없이 증발해 버리고 맙니다.

이외에도 국어사전은 순환 정의에 빠져 있습니다. 가령 '모습'의 정의는 '사람의 생긴 모양'으로, '모양'의 정의는 '겉으로 나타나는 생김새나 모습'으로 되어 있습니다. 모습은 모양, 모양은 모습으로 뜻풀이가 쳇바퀴처럼 순환하고 있는 것이지요. 이 같은 문제점을 운 좋게 피한 경우에도 의미 변별에 이렇다 할 도움을 주지 못할 때가 적지 않습니다. '경험'과 '체험', '승부'와 '승패' 등이 그렇습니다.

- 경험: 자신이 실제로 해 보거나 겪어 봄.
- 체험: 자기가 몸소 겪음.

- 승부: 이김과 짐.
- 승패: 승리와 패배를 아울러 이르는 말.

경험과 체험, 승부와 승패가 어떻게 다른지 명확하게 알고 싶어 하는 이들에게 사전의 뜻풀이는 그다지 만족스러운 설명을 던져 주지 못합니다. 위의 설명 어디에서도 결정적인 차이를 읽어내기는 어렵지요.

이 책은 어감, 뉘앙스, 미묘한 뜻이 다른 비슷한 단어들의 의미를 좀 더 섬세하게 밝히고 싶은 소박한 욕망에서 비롯되었습니다. 같은 듯 다른 말의 동질성과 이질성을 제대로 한 번 톺아보고 싶었습니다. 30년 넘게 사전을 만들면서도 미처 건드리지 못한 우리말 유의어의 세계를 들여다보고 싶었지요. 한국어를 모어로 쓰는 독자에게는 갖고 있던 암묵적 지식을 명시적 지식으로 끌어올리는 계기를 전하고, 외국어로서 한국어를 공부하는 독자에게는 유의어라는 허들을 조금이나마 쉽게 넘을 수 있게 도움을 주고 싶었습니다.

그래서 선행 연구의 성과를 폭넓게 참고하면서도 거기에만 머물지 않으려고 노력했습니다. 또한 주관이나 직관의 함정에 빠지지 않기 위해 말뭉치와 같은 객관적 자료를 최대한 활용했습니다. 말뭉치란 본래 언어 연구를 위해 텍스트를 컴퓨터가 읽을 수 있는 형태로 모아 놓은 언어 자료를 가리키지만, 좀 더 넓은 뜻으로는 웹을 통해 검색할 수 있는 모든 언어 자료를 포함합니다. 물론 말뭉치 자체도 오류를 포함할 수 있으므로 서로 모순되는 자료는 신중하게 걸러서 활용했습니다.

언어의 의미란 어떤 방법론으로 접근해도 끝내 궁극을 드러내지 않는 불가지의 영역인지도 모르겠습니다. 평생 말과 글을 찾아다니며 풀이를 붙이는 일을 했지만 비슷한 말의 속뜻을 변별하고 정리해서 기록하는 이 작업은 결코 녹록지 않았습니다. 제 능력의 한계를 절감하기도 했고요. 작업 과정에서 잘못된 판단도 많았으리라 생각합니다. 눈 밝은 독자들의 기탄없는 비판과 따가운 질정을 바랍니다.

한 가지 덧붙이고 싶은 것이 있습니다. 이 책이 언어 규범서는 아니라는 점입니다. 언어 현실을 규범의 틀로 재단하기보다는 그 실상을 최대한 존중하고 싶었습니다. 대부분의 모어 화자들이 아무 의심 없이 쓰는 말을 규범이 아니라는 이유로 제쳐 두거나 제외하기는 어려웠습니다. 그 결과 어쩔 수 없이 현행 국어사전의 규범과 상치되는 점도 있었음을 밝힙니다.

끝으로, 부족한 원고를 벼리고 다듬어 아름다운 책으로 거듭나게 해 주신 유유 대표님과 편집자님께 깊이 감사드립니다. 아울러 늘 곁에서 성원과 격려를 아끼지 않은 아내에게 이 책을 헌정하고 싶습니다.

2021년 1월
안상순

가면과 복면

'가면'은 얼굴을 가리는 도구다. 왜 얼굴을 가리는가? 타인의 시선을 거부하고 자신의 존재를 은폐하기 위해서다. 얼굴은 공연(公然)한 이름표이며, 그 이름표는 행동의 당위를 요구한다. 그러한 요구는 때로 마음속의 내밀한 욕망을 억압한다. 따라서 얼굴을 가면으로 가린다는 건 뭇시선으로부터 자유로워지는 것이고 억압되었던 욕망의 고삐를 풀어놓는 일이다. 베네치아의 카니발을 비롯한 축제 행렬에 어김없이 화려한 가면이 등장하는 것도 그 같은 해방의 욕망과 맞닿아 있다.

그러나 정체를 감춤으로써 숨은 욕망을 해방하는 것은 가면의 부분적 기능에 지나지 않는다. 가면을 쓰는 보다 근원적이고 본질적인 이유는 따로 있다. 불완전하고 미약한 존재인 인간은 아득한 옛날부터 힘 있는 존재가 되기를 꿈꾸어 왔는데, 가면은 그러한 변신의 욕망을 충족시켜 주는 수단이었다. 우리의 먼 조상들은 신이나 망자(亡者)의 혼령을 나타내는 가면을 쓰면 초자연적인 존재나 샤먼이 될 수 있다고 믿었다. 가면의 주술적인 힘을 빌려 액을 막거나 악귀를 쫓아내거나 비를 내리게 하는 제의祭儀를 치렀다. 또 그들은 동물 가면이나 공포스러운 형상의 가면을 쓰고 사냥을 하거나 전쟁을 벌였는데, 이 역시 가면을 통해 강자로 변신할 수 있다는 믿음을 잘 보여 준다. 그런가 하면 세계 여러 나라의 전통 무용이나 연극에서도 온갖 가면이 사용되어 왔는데, 이 경우에도 다른 존재로 변신하고 싶은 인간의 근원적 욕망이 숨어 있다.

그런데 가면과 유사한 물건이 있다. '복면'이다. 이것은 얼굴을 감추기 위한 물건이라는 점에서 가면과 유사하지만 몇 가지 근본적인 차이가 있다.

'가면'은 얼굴을 묘사하여 만든 형상물인 데 비해, '복면'은 얼굴을 가리는 데 사용된 물건을 가리킬 뿐 별개의 형상물은 아니다. 곧 가면은 특정한 표정과 인상을 가진 독립된 조형물이지만, 복면은 벗는 순간 그냥 천 조각일 뿐이다. 또 가면은 눈과 입을 뚫거나 눈만 뚫어서 얼굴 전체나 일부를 덮어 쓰지만, 복면은 일반적으로 눈과 입만 내놓은 채 얼굴과 머리를 모두 덮거나, 눈과 그 위쪽은 가리지 않고 코와 입과 턱을 가린다. 만드는 재료도 가면은 나무·종이·흙·금속·가죽·천 따위로 매우 다양하지만, 복면은 주로 보자기나 수건 같은 천으로 제한되어 있다.

사용 목적이나 동기도 다르다. 가면은 앞서 보았듯 유희·주술·수렵·전쟁·예능 등 다양한 목적으로 사용되고, 복면은 주로 불순한 목적을 가지고 얼굴을 감추는 경우에 사용된다. '복면강도'나 '복면 자객'과 같은 말에서 보듯 복면은 주로 법이나 사회 윤리가 금하는 일을 행할 때 사용된다.

한편 가면은 비유적으로 쓰여 겉으로 내세우는 거짓 모습을 뜻할 수 있지만, 복면은 그런 뜻을 가질 수 없다. "그는 늘 내 앞에서 친절한 척, 착한 척 가면을 쓰고 행동한다."에서 가면은 본심과 다른 가식적이고 위선적인 모습을 의미한다. 이 같은 용법은 흔히 부정적 어감을 담고 있지만, 심리학에서는 가면을 인간의 생존 전략으로 보기도 한다. 분석 심리학자 카를 구스타프 융은 사람들은 상황에 따라 수많은 페르소나Persona, 즉 가면을 쓰고 사회적 관계를 맺으며 살아간다고 하였다. 페르소나는 고대 그리스에서 배우들이 연기할 때 쓰던 가면을 가리키던 말이었으나, 현대 심리학에서는 어떤 사람이 타인에게 인정받거나 원만한 사회생활을 하기 위해 진짜 속마음을 누르고 겉으로 보여 주는 모습을 뜻하는 말로 쓰이고 있다.

가치와 값어치

'가치'의 일차적 의미는 '쓸모' 또는 '유용성'이다. '아무 가치 없는 물건'은 '아무 쓸모 없는 물건'과 같은 말이고 '가치가 있는 정보'는 '유용성이 있는 정보'와 다르지 않은 말이다. 어떤 사물이 쓸모를 잃는 순간 가치도 소멸되고 어떤 대상의 유용성이 부정되는 순간 가치도 상실된다. 곧 가치의 기본 의미는 '사물이 어떤 목적에 쓰일 데가 있는 성질이나 정도'라고 정의할 수 있다.

하지만 가치를 모두 쓸모의 의미로 환원할 수 있는 것은 아니다. 가령 "원칙을 지키는 것은 가치 있는 일이다."라거나 "회화는 미적 가치를 추구하는 예술이다."라고 했을 때, 이 문장 속의 가치를 쓸모의 뜻으로만 읽는 것은 적절하지 않다. 원칙을 지키는 일이나 회화의 아름다움이 가지는 가치는 쓸모를 넘어선 것이거나 쓸모와 무관한 것일 수 있기 때문이다.

세상에는 그 자체로 의미 있고 소중한 것이 있다. 어떤 용도로 쓰이지 않을지라도, 혹은 어떤 목적을 실현하지 않을지라도 존재 자체로 빛나고 귀한 것이 있다. 이런 점에서 가치의 또 다른 의미를 '어떤 사물을 참답고 의미 있게 만드는 것'으로 규정할 수 있다. '인생의 가치'는 '인생을 참답고 의미 있게 만드는 것'이라 할 수 있고, '예술의 가치'는 '예술이 우리에게 주는, 참답고 의미 있는 성질'이라 할 수 있다.

'값어치'도 쓸모의 의미를 가진다는 점에서 가치와 유사하다. '아무 가치 없는 물건'은 '아무 값어치 없는 물건'으로 바꾸어도 의미가 달라지지 않는다. 그렇지만 가치를 값어치로 늘 바꿀 수 있는 것은 아니다.

㉮ 값어치가/가치가 꽤 나가는 귀금속.
㉯ 사람 목숨의 값어치는/가치는 얼마인가?

값어치는 '값+-어치'의 조어 구성에서 보듯, '값'의 의미가 두드러진다. 그런 점에서 '천만 원의 값어치가 나가는 귀금속'은 자연스럽지만 '천만 원의 가치가 나가는 귀금속'은 부자연스럽다(㉮의 경우). 마찬가지로 '사람 목숨의 값어치'를 '사람 목숨의 가치'로 바꾸어 말하기 어렵다(㉯의 경우). 사망 보험금의 액수로 '목숨의 값어치'를 가늠할 수는 있을지언정 '목숨의 가치'는 될 수 없기 때문이다. 그런 점에서 값어치는 '어떤 대상에 상당한 값을 치를 만한 쓸모나 의의'로 정의할 수 있다.

    ㉓   기업의 가치는 미래의 성장 가능성에 있다.
    ㉔   그 기업의 값어치는 무려 수조 원에 이른다.

㉓의 '기업의 가치'와 ㉔의 '기업의 값어치'는 서로 맞바꾸어 써도 크게 무리가 없어 보인다. 하지만 가치가 추상적 의미(참답고 의미 있는 성질)가 강하고, 값어치가 실제 값의 의미가 강하다는 점에서 본래의 문장이 더 적절하다고 할 수 있다.

한편 가치는 값어치와 달리 복합어나 용어를 풍부하게 만들어 내는 성질이 있다. '가치관/가치 판단/가치 중립/경제 가치/교환 가치/부가 가치/사용 가치/잉여 가치/투자 가치/화폐 가치/희소가치' 등이 그 예로, 한자어와 잘 어울리며 전문 용어로 쓰일 때가 많다.

간섭과 참견

간섭은 흔히 선의의 얼굴이나 사랑이라는 이름 아래 행해지곤 한다. 부모나 교사는 자녀나 제자에게 이렇게 말하길 좋아한다. "다 너 잘되라고 하는 얘기야." "널 사랑하지 않는다면 뭐 하러 이런 말을 하겠니?" 하지만 그들의 말이나 행동이 아무리 좋은 의도에서 비롯되었더라도 상대가 억압이나 압박으로 느끼는 한 그것은 간섭에 불과하다.

'간섭'은 남의 일에 끼어들어 영향력을 미치려는 행위다. 상대의 의사를 존중하지 않고 상대를 억누르거나 좌지우지하려는 행동이다. 여기에는 상대가 미숙하거나 올바르지 않다는 생각이 깔려 있다. 물가에 내놓은 어린아이처럼 상대가 늘 걱정스럽거나 위태롭거나 애처롭다고 느낀다. 충고나 지적, 훈계가 튀어나올 수밖에 없는 이유다.

그런데 간섭과 거의 같은 뜻으로 '참견'이 쓰일 때가 있다.

㉮   내가 알아서 할 테니 간섭/참견 마세요.

㉯ 남의 일에 감 놔라 배 놔라 간섭한다/참견한다.

남의 관심, 충고, 조언을 거부할 때 "간섭 마세요."라
고 할 것을 "참견 마세요."라고도 할 수 있다(㉮의 경우). 또한
남의 일에 이러쿵저러쿵하면서 제 의견을 내세우는 것을
간섭이라고 할 뿐 아니라 참견이라고 할 수도 있다(㉯의 경
우). 이렇듯 간섭과 참견은 같은 맥락에 쓰일 수 있지만, 둘
의 의미가 완전히 같은 것은 아니다.

㉰ 어른들 말씀하시는데 네가 웬 참견이야/간섭이야!
㉱ 부모의 간섭은/참견은 아이를 망칠 수 있다.

아이가 어른들 대화에 불쑥 끼어들 경우, 대화를 나누
던 어른이 발끈해서 내뱉을 수 있는 말은 "웬 간섭이야."라
기보다 "웬 참견이야."다(㉰의 경우). 그런가 하면 부모의 훈
육을 두고 간섭이라고 할 수는 있지만 참견이라고 하기는
어렵다(㉱의 경우). 이러한 차이는 행위의 영향력 유무에서
온다. 간섭은 우월적 지위를 가지고 상대에게 영향력을 행
사하려는 것을 뜻하고, 참견은 별다른 영향력 없이 공연히
상대의 일에 끼어드는 것을 뜻한다. 전자는 제 주장을 관철

하려는 의지가 강한 반면, 후자는 그런 의지가 약하다. 그래서 참견을 물리치는 것보다 간섭을 물리치는 것이 더 어렵고 부담스럽다.

     ⓜ 정부는 기업 활동에 대한 규제와 간섭을/참견을 크게 줄일 방침이다.
     ⓝ 고려는 오랫동안 몽고의 내정 간섭을/내정 참견을 받았다.

    참견은 주로 개인 간에 이루어지지만, 간섭은 개인뿐 아니라 집단 사이에서도 이루어진다. 정부가 기업에, 또는 한 국가가 다른 국가에 영향력이나 강제력을 미치는 것은 간섭이라 하지 참견이라 하지 않는다. 개인 간의 간섭에 힘의 우위가 전제되듯, 집단 간의 간섭 역시 지배력이나 강제력이 전제된다.

    한편 간섭은 의미가 확장되어 '둘 이상의 파동이 서로 만날 때 합쳐진 파동의 진폭이 변하는 현상'이라는 뜻을 나타낼 수 있으나 참견은 그런 뜻을 나타낼 수 없다.

     ⓞ 빛은 소리나 물결처럼 간섭/참견 현상을 일으킨다.

감동과 감격과 감명

사람은 살아가면서 어떤 일에 '감동'을 느끼기도 하고 '감격'을 맛보기도 하며 '감명'을 받기도 한다. 그러한 경험은 우리의 마음을 따뜻하게 덥혀 주거나 가슴을 마구 뛰게 하거나 눈시울을 촉촉이 적셔 준다. 감동과 감격과 감명이 없다면 삶은 얼마나 황량하고 쓸쓸할 것인가? 이 셋은 모두 행복감을 불러일으키는 긍정적 감정이다. 이 감정은 한 줄기 샛바람처럼 잠든 세포를 일깨워 준다. 그뿐이랴? 삶의 에너지가 고갈되었을 때, 삶이 무의미해졌을 때, 시련의 늪에서 허우적거릴 때, 캄캄한 좌절의 감옥에서 벗어날 수 없을 때, 치유와 회복의 실마리를 던져 줄 수 있다.

'감동'과 '감격'이 일어나는 상황은 서로 겹치기도 하고 달리 나타나기도 한다.

㉮ 나는 그들이 보여 준 성대한 환대와 세심한 배려에 감동했다/감격했다.

㉯ 그는 그녀가 자신을 만나기 위해 수만 리 먼 길을 한

달음에 달려왔다는 말에 감동하지/감격하지 않을 수 없었다.

㉯ 그의 열정적인 연설에 청중은 깊이 감동했다/감격했다.

㉰ 그 선수는 막판 뒤집기에 성공하여 금메달을 거머쥐자 감격의/감동의 눈물을 흘렸다.

예문에서 보듯 어떤 사람의 진심 어린 행동은 다른 사람을 뭉클하게 하곤 하는데, 그때 일어나는 감정은 감동일 수도 있고 감격일 수도 있다(㉮와 ㉯의 경우). 그러나 연설을 듣고 감동할 수는 있어도 감격하기는 어렵다(㉯의 경우). 이는 소설을 읽거나 영화를 볼 때에도 마찬가지다. 그런가 하면 간절히 바라던 일이 극적으로 이루어졌을 때 느끼는 감정은 감격이지 감동이 아니다(㉰의 경우). 곧 지극한 정성이나 사랑을 깨달을 때에는 감동과 감격이 모두 유발되지만, 소설·영화·이야기 등에 크게 공감하거나 깊은 깨달음을 얻을 때에는 감동이 일어나고, 어떤 일을 극적으로 성취했을 때에는 감격이 솟구친다.

그런데 쓰임이 유사한 ㉮와 ㉯의 경우도 두 단어가 가지는 감정의 강도는 미세하게 다르다. '잔잔한 감동'은 자연스럽지만 '잔잔한 감격'은 어색하다. 감동은 거셀 수도 약할 수도 있지만 감격은 거셀 뿐 약하기는 어렵기 때문이다. 이는 감격의 '격'激이 '세차다' '격렬하다'를 뜻하는 데서 말미암은 것으로 보인다.

한편 '감명'은 어떤 작품이나 언행 등이 기억에 남을 만큼 훌륭하거나 아름답다고 느껴지는 감정을 가리킨다. 이는 감동과 매우 유사하다. "나는 헤밍웨이의 『노인과 바다』를 읽고 깊은 감명을 받았다."에서 감명을 감동으로 바꾸어도 그 의미는 거의 달라지지 않는다. "테레사 수녀의 헌신적인 봉사와 사랑은 많은 사람들에게 큰 감명을 주었다."에서도 감명은 감동으로 바꿀 수 있다.

감명과 감동은 서로 다르게 쓰이기도 한다. 가령 친구한테서 생각지 않았던 깜짝 선물을 받았을 때 감동을 받을 수는 있지만 감명을 받을 수는 없다. 이때의 감동은 친구의 사랑이 내 마음을 크게 움직여 행복을 느끼게 한 데서 온 것인데, 감명은 그런 의미를 담을 수 없다. 감명은 당사자가 아닌 오직 관찰자 시점에서 사물의 훌륭함이나 아름다움을 경험하는 감정만을 가리킨다.

세 단어를 각각 한 마디로 정리하면 다음과 같다.

- 감동: 사물·현상의 훌륭함이나 아름다움, 진실함 등에 가슴이 뭉클하거나 찡함을 느끼는 상태.

- 감격: 간절히 바랐거나, 바랐지만 기대는 하지 않았던 일이 이루어지거나 생각지 않았던 큰 도움을 받거나 하여 기쁨이나 고마움이 뭉클하게 솟구쳐 일어나는 것.

- 감명: 어떤 일이나 이야기 등이 기억에 오래 남을 만큼 훌륭하거나 아름답다고 느끼는 것.

감사하다와 고맙다

'감사하다'와 '고맙다'는 남의 도움이나 배려에 기쁨을 느끼거나 보답하고 싶은 마음이 있음을 나타내는 말이다. 둘의 뜻이 아주 비슷하여 별다른 구별 없이 사용한다. 그런데 종종 둘을 비교하는 자리에서 논의가 편협하게 흘러갈 때가 있다.

열정적인 우리말 지킴이 가운데 간혹 한자어를 배척의 대상으로 바라보는 이들이 있는데, 그들은 한자어를 고유어를 위축시키고 피폐시키는 해악으로 여긴다. '강'江이 '그룹'을 누르고 '천'千이 '즈믄'을 몰아낸 것을 두고 몹시 애통해한다. 고유어가 한자어에 밀려난 것을 끔찍한 참사로 치부하는 듯하다. 그들은 그러한 비극을 막기 위해서라도 '감사하다'를 지양하고 '고맙다'를 열심히 사용해야 한다고 생각한다. 하지만 나는 한자어의 유입이 우리말을 위축시키기보다 오히려 풍부하게 했다고 보는 것이 훨씬 균형 잡힌 생각이라 느낀다.

그런가 하면 감사가 일본어에서 왔다는 잘못된 통설

이 '감사하다'를 쓰지 말아야 한다는 주장의 근거가 되기도 한다. 물론 일본어 '感謝'는 우리말 감사와 같은 한자에 같은 뜻을 가지고 있다. 하지만 이는 중국과 우리나라에서 오래전부터 사용해 온 한자어이다. 『조선왕조실록』만 보더라도 「태조실록」에서 「순종실록」에 이르기까지 '感謝'가 빈도 높게 나타날 뿐 아니라 『송서』宋書와 같은 중국 고문헌에도 나타나는 것으로 미루어 보아 '감사'의 일본어 기원설은 전혀 타당하지 않다.

'감사하다'와 '고맙다'는 고유어냐 아니냐에 상관없이 둘 다 활발하게 쓰이는 소중한 우리말이다. '목숨'과 '생명' 중 어느 하나만 써야 할 이유가 없듯이, '감사하다'를 배제하고 '고맙다'만 써야 할 이유가 없다. 두 말은 의미는 유사하나 용법의 차이가 있다는 점에서 다르다. '감사하다'는 동사와 형용사로 쓰이지만 '고맙다'는 형용사로만 쓰인다.

㉮   요즘 아이들은 부모님의 은혜에 감사할/고마울 줄을 모른다.

㉯   내 덕에 일이 잘되었으니 나한테 감사해라/고마워라.

㉰   그동안 베풀어 주시고 이끌어 주셔서 깊이 감사하고/고맙고 있습니다.

㉒　제 강연을 경청해 주셔서 감사합니다/고맙습니다.

㉮, ㉯, ㉰는 '감사하다'가 동사로 쓰인 것으로 '고맙다'로 대체될 수 없는 경우이고, ㉱는 형용사로 쓰인 것으로 '감사하다'와 '고맙다'가 모두 가능한 경우이다. '고맙다'가 동사로 바뀔 수 있는 방법이 없는 건 아니다. '–어하다'가 붙어 '고마워하다'로 파생되면 가능하다. ㉮와 ㉯의 경우 '부모님의 은혜에 고마워할 줄 모른다', '나한테 고마워해라'와 같이 쓸 수 있다. 그러나 ㉰의 경우는 '고마워하다'가 불가능하다. 문장의 주어가 일인칭인 경우 '형용사 어근 +–어하다'는 성립하기 어렵다.

그런데 ㉱에서 보듯 '감사하다'가 형용사로 쓰일 때에는 '고맙다'로 대체할 수 있다. 하지만 언제나 그럴 수 있는 것은 아니다. 형용사 '감사하다'에는 '고맙다'와 달리 제약이 따른다.

㉲　도와줘서 고마워/감사해.
㉳　네 뜻은 고맙지만/감사하지만 사양할게.
㉴　그는 우리에게 참 고마운/감사한 분이다.

㉤, ㉥와 같이 '감사하다'는 해라체나 해체 등을 쓸 수 있는 손아랫사람이나 동년배를 대상으로는 사용하기 어렵다.(근래에 '감사하다'를 ㉤, ㉥에서와 같이 사용하는 경향이 조금씩 늘고 있기는 하다.) 반면, 대상이 손윗사람이면 '감사하다'를 사용하여 "도와주셔서 감사합니다.", "선생님 뜻은 감사하지만 사양하겠습니다."와 같이 말할 수 있다. 그런가 하면 ㉧의 경우처럼 '어간+-ㄴ(관형사형 어미)+대상'의 형식을 띨 때 '고맙다'는 자연스럽지만 '감사하다'는 자연스럽지 못하다. 예컨대 '고마운 분/고마운 이웃/고마운 친구/고마운 선생님'은 자연스럽지만 '감사한 분/감사한 이웃/감사한 친구/감사한 선생님'은 부자연스럽다. 이런 현상은 '고맙다'의 기원과 관계있는 것 같다. 본래 '고맙다'는 옛말 '고마ㅎ다'에 형용사를 만드는 접사 '-ㅂ-'이 결합하여 생긴 말이다(고마ㅎ다>고맙다). '고마'는 '존경, 삼가 높이 여김'을, '고마ㅎ다'는 '존경하다, 삼가 높이 여기다'를 뜻하므로 '고맙다'는 '존경스럽다', '삼가 높이 여길 만하다'의 뜻을 기원적으로 가지고 있다. 따라서 '고마운 분'은 '존경스러운 분, 삼가 높이 여길 만한 분'이라는 의미가 바탕에 깔려 있다고 할 수 있다.

㉕ 수술 후 마취에서 깨어나자 살아 있다는 사실이 감사
     해/고마워 눈물이 났다.

㉑ 하느님께 감사하라/고마워하라.

  한편, 대상이 삶 또는 주어진 현실 같은 추상적 개념
이거나(㉕의 경우) 신과 같은 초월적 존재일 때에는(㉑의 경우)
주로 '감사하다'가 쓰인다.

감정과 정서와 감성

우리는 하루에도 수백, 수천 번씩 감정의 파도를 겪는다. 기뻤다가, 슬펐다가, 좋아했다가, 싫어했다가, 우울했다가, 분노했다가 시시각각 마음은 파닥이고 뒤척인다. 어느 누구도 대상을 접하는 순간 마음속에서 일어나는 감정의 자장을 벗어나기 어렵다. 감정은 우리의 생각과 의식에 끈질기게 달라붙어, 행복감에 젖게 하기도 하고 불행에 빠뜨리기도 하며 환희나 고통에 이르게 하기도 한다.

'감정'은 이렇듯 순간순간 어떤 자극에 따라 일어나는 심리적 반응이라 할 수 있다. 흔히 말하는 칠정七情, 곧 기쁨·노여움·슬픔·즐거움·사랑·미움·욕심, 또는 기쁨·노여움·근심·생각·슬픔·놀람·두려움 등이 대표적인 감정이다. '정서'는 감정과 의미가 얼핏 비슷해 보이지만 다르다. 감정이 순간적으로 일어나는 일시적 심리 현상이라면, 정서는 오랜 시간 지속되는 기질적 심리나 성향이라 할 수 있다. 따라서 감정은 격해지기도 하고 분출되기도 하며, 억누를 수도 있고 가라앉힐 수도 있지만 정서는 그런 성질을 띄기 어렵다. "형은 감정이 격해져 버럭 소리를 질렀다."나 "그는 가슴속에 뭔가 울컥 치밀어 올랐지만 애써 감정을 억눌렀다."의 경우, 감정을 정서로 바꿀 수 없다. 또한 "아이의 불안한 정서는 평소와 다른 행동으로 나타나기도 하니 유의해서 보아야 한다."나 "음악 교육을 통해 심미적 정서를 함양할 수 있다."의 경우, 정서를 감정으로 대체하기 어렵다.

㉮ 무역 갈등으로 인해 양국 간의 국민감정이/국민정서가 악화되었다.

㉯ 급격한 성 개방은 국민정서에/국민감정에 맞지 않는다.

㉮에서는 '국민감정'이, ㉯에서는 '국민정서'가 더 적절하다고 할 수 있다. 일시적으로 야기되는 심리 현상은 '국민감정'이지 '국민정서'가 아니며, 오랜 시간 지속되는 기질적 심리나 성향은 '국민정서'이지 '국민감정'이 아니기 때문이다. 그런데 감정과 정서가 같은 문맥에 쓰여 구별이 잘 안 될 때도 있다.

㉓ 하회탈은 서민의 정서를/감정을 해학적으로 담고
    있다.

㉔ 시는 사상과 감정을/정서를 언어로 형상화한 예술
    이다.

㉓와 ㉔의 경우 감정이든 정서든 둘 다 자연스럽다. 다
만 ㉓에서 '서민의 정서'라고 할 때에는 서민의 감정을 포
함하여 그들의 사고방식이나 성향까지 포함하며, '서민의
감정'이라고 할 때에는 희로애락의 감정을 주로 가리킨다
고 할 수 있다. ㉔에서 '사상과 감정' 또는 '사상과 정서'라
할 때에도 크게 다르지 않다. 감정은 시인 자신(혹은 시적
화자)의 심리 상태를 가리키는 뜻이 강하고, 정서는 시인
을 포함하여 민족 혹은 언어 공동체의 감정과 생각 등을 가
리키는 뜻이 강하다.

한편 '감성'은 어떤 자극에 반응하여 마음에 느낌을 일
으키는 성질이나 능력을 뜻하는 말로, 감정과 비슷하면서
도 차이가 있다.

㉕ 감성이/감정이 풍부하다.

㉖ 그의 탁월한 예술적 감성은/감정은 작품에 잘 녹아

있다.

⒫의 경우 감성과 감정 둘 다 자연스럽지만 엄밀히 말하면 약간의 의미 차이가 있다. '감정이 풍부하다'는 눈물도 많고 웃음도 많으며 감정을 숨김없이 잘 드러낸다는 뜻이고, '감성이 풍부하다'는 주위 사물을 섬세하게 느끼고 잘 표현할 줄 안다는 뜻이다. 어쨌거나 감정이 풍부할 수도 있고, 감성이 풍부할 수도 있다. 그러나 '예술적 감성'은 성립할 수 있어도 '예술적 감정'은 성립될 수 없다. 어떤 자극에 대한 반응이 수동적으로 주어지는 것이 감정이라면, 창조적으로 발휘되거나 섬세한 정신으로 발현되는 것은 감성이다. '시인의 감성'으로 한 송이 꽃에서 우주의 비밀을 읽을 수 있지만, '시인의 감정'으로는 그 같은 창조적 상상력을 실현할 수 없다.

강의와 강연과 연설

여러 사람 앞에 서서 말로 지식과 정보 등을 가르치거
나 알려 주는 행위를 흔히 강의나 강연이라고 한다. 대화가
화자와 청자가 일대일로 만나 쌍방향으로 의사소통을 행
하는 방식이라면, 강의나 강연은 화자와 청자가 일대다로
만나 메시지를 한 방향으로 전달하는 방식이라 할 수 있다.
의미의 유사성 때문에 강의와 강연을 혼동해서 쓰는 경우
가 많은데, 두 단어는 다음 몇 가지 점에서 구별해 쓴다.

'강의'는 대학이나 학원 등에서 학생이나 수강생 등을
대상으로 하여 주로 학술적·전문적 지식과 기술을 다루는
데 반해, '강연'은 불특정한 장소에서 일반인(대중)을 대상
으로 하여 주로 일반교양이나 생활 지식과 관련된 내용을
다룬다는 점에서 차이가 있다.

⑦ 강의실/강연실
⑭ 강연/강의 무대에 서다.
⑮ 비교 해부학 강의/강연, 건강 강연/강의

㉑ 강의/강연 시간표
㉒ 명사 초청 강연/강의, 전국 순회강연/순회 강의

　강의는 주로 대학이나 학원의 강의실이라는 특정한 공간에서 이루어지나, 강연은 정형화되지 않은 임의의 공간, 예컨대 강당·공연장·회의실·야외 등에서 이루어지므로 강연실이라는 이름의 공간은 따로 없다(㉑의 경우). 강연은 공연장처럼 무대가 꾸며진 곳에서 이루어지는 경우가 많아 '강연 무대에 서다'라는 표현이 널리 쓰이지만, 강의의 경우 '강의 무대에 서다'라는 표현은 잘 쓰이지 않는다(㉒의 경우). 강의에서 다루는 내용이 철학, 심리학, 해부학, 헌법학, 영미 소설론처럼 주로 학문적·전문적인 것이라면, 강연에서 다루는 내용은 건강, 주식 투자, 자기 계발과 같이 대중적 지식에 관한 것이다. 다루는 주제가 같을 수는 있지만(가령 쇼펜하우어 사상) 그 깊이와 넓이가 다를 수밖에 없다(㉒의 경우). 강의는 체계적인 커리큘럼에 따라 일정 기간에 걸쳐 이루어지지만 강연은 대체로 일회적으로 베풀어진다(특별한 경우 여러 번에 걸쳐 이루어질 수는 있다). 따라서 요일별, 시간별로 어떤 과목을 수강하는지를 표로 정리한 강의 시간표는 존재하지만 강연 시간표는 존재하지 않는다(㉰의 경우). 강의가 대학 교수나 학원 강사 등이 일정한 곳에서 붙박이로 하는 데 반해, 강연은 교수나 전문가, 사회 명사 등이 이곳저곳에서 초청을 받거나 전국을 순회하면서 한다(㉱의 경우).

한편 '연설'은 강의나 강연처럼 여러 사람 앞에서 메시지를 전달하는 행위를 가리키되, 지식이나 정보보다는 주의 주장을 펼치기 위한 행위를 가리킨다. 정치가나 시민운동가 등이 대중 앞에서 행하는 연설은 가르침과 깨달음을 주기보다 설득이나 공감과 동조를 이끌어 내기 위한 것이다. 연설은 일반적으로 강의나 강연보다 짧은데, 수사학적으로 더욱 정교하며, 목소리의 크기나 어조, 제스처 등에서도 다양한 기교를 사용한다. 특히 듣는 이의 감동을 이끌어 내기 위해 우렁찬 목소리로 행하는 연설을 '웅변'이라고 한다.

강의, 강연, 연설을 누가 말하고 누가 듣느냐에 따라 그 화자와 청자의 명칭이 서로 같거나 다를 수 있다. 강의하는 사람은 강사·강의자, 강연하는 사람은 강사·연사·강연자, 연설하는 사람은 연사·연설자라 불리고, 강의를 듣는 사람은 수강생·수강자·청강자·청강생, 강연을 듣는 사람은 청강자·청중, 연설을 듣는 사람은 청중으로 불린다.

거만과 오만과 교만

거만, 오만, 교만은 모두 우월감의 소산이라는 점에서 닮아 있다. 자신이 남보다 잘났다고 생각하는 순간 콧대가 높아지고 어깨에 힘이 들어간다. 또 사회적 지위가 높아지고 부와 명예를 거머쥐게 되면 쉬이 자아도취에 사로잡힌다. 세상이 발아래로 보이거나 우주가 자기를 중심으로 도는 듯한 착각에 빠지기도 한다. 그럴 때 어김없이 거만이나 오만, 교만 같은 징후가 나타난다.

'거만'은 셋 중 가장 겉으로 잘 드러난다. 만일 어떤 행동을 동영상으로 찍은 후 무음無音 상태로 본다면, 거만한 행동을 가장 먼저 알아챌 수 있다. 거만은 표정이나 몸짓 등에서 쉽게 읽을 수 있다. 젠체하면서 어깨에 힘을 주거나 턱을 들고 상대를 내려다보거나 남 앞에서 의자에 몸을 눕히듯 젖혀 앉거나 한다면 그는 거만을 떨고 있는 게 분명하다. 거만은 남을 깔보거나 무시하면서 잘난 체하는 태도를 가리킨다. 거만한 사람은 자기보다 못하다 생각되는 사람 앞에서는 의기양양하여 거드름을 피우지만 자기보다

낫다 여겨지는 사람 앞에서는 이내 주눅이 들어 꼬리를 내린다.

거만이 겉으로 드러난 행동에 강조점이 있다면 '오만'은 행동할 때의 심리적 태도에 초점이 있다. 곧 아집과 독선 등이 마음속에 자리 잡고 있는 상태나 그런 심리가 행동으로 표출된 것을 가리킨다. 오만한 사람은 남의 말을 잘 듣지 않고 자기 생각만 고집하며 지나친 자기 확신에 빠지곤 한다. 좀처럼 자기 잘못을 인정하지 않으며 생각이 경직되어 외골수로 치닫기 일쑤다. 오만함에 대한 판단은 즉각적으로 이루어지기보다 일정 시간 관찰의 결과로 이루어진다.

'교만'은 오만보다도 더욱 겉으로 드러나지 않는다. 거만하거나 오만하지 않아도 교만할 수 있고, 겉으로는 겸손해도 속으로는 교만할 수 있다. 거만이나 오만은 외부로 드러난 행동으로 판단이 가능하지만, 교만은 내면을 들여다보아야만 판단이 가능하다. 사람은 자기의 부족함을 미처 깨닫지 못할 때 교만해지기 쉽다. 절대자의 시선으로 보면 나약하고 결함투성이일 수밖에 없는 인간은 자신의 부족함을 겸허하게 인정할 줄 알아야 교만을 벗을 수 있다. 성공 가도를 달릴 때에는 승리감에 취해 있다가 실패의 늪에

빠졌을 때 비로소 "내가 너무 교만했었구나." 하고 통탄하
게 되는데, 역설적으로 이같이 뼈아픈 자기반성이 정신적
성장을 가져온다. 이렇듯 교만은 자기 자신의 부족함을 성
찰하지 못하고 스스로를 대단하거나 훌륭하다고 여기는
상태를 뜻한다. 다음의 예문은 세 단어의 미세한 차이를 잘
보여 준다.

㉮ 그는 소파에 거만하게/오만하게/교만하게 다리를 꼬
  고 앉아 우리에게 눈길도 주지 않은 채 천천히 입을
  열었다.

㉯ 그 청년은 남에게 머리를 조아리거나 남의 명령을 따
  른 적이 없을 정도로 오만하기/거만하기/교만하기
  그지없다.

㉰ 인간은 천지와 만물이 오로지 자신을 위하여 존재한
  다고 믿는 오만/교만/거만에 빠져 있다.

㉱ 그는 평소에 자기 정도면 괜찮은 아빠라고 생각했는
  데 최근 아이의 속마음을 알고 나서 스스로 얼마나
  교만했는지/오만했는지/거만했는지 깨달았다.

영국 작가 제인 오스틴의 소설 『오만과 편견』Pride and

Prejudice에서 상류 계급의 잘생긴 남자 다시는 파티에서 가난한 집 딸 엘리자베스 베넷을 만난다. 베넷은 오만하고 (거만하고) 무례한 듯한 태도를 보이는 다시에게 좋지 않은 편견을 가졌으나 이후 그의 진실한 마음을 재발견하며 그의 청혼을 받아들인다. 우리말에서 거만, 오만, 교만은 앞서 살펴본 것처럼 어감과 뉘앙스가 달라 구별해 사용하는 단어지만 영어에서는 한 단어가 여러 뜻과 어감을 포괄한다. 영어 'pride'는 오만과 자만심뿐 아니라 우월감, 긍지, 자부심 등을 뜻하는 단어로도 쓰인다.

걱정과 근심과 염려

본시 미래는 불확실하다. 미래에 무슨 일이 일어날지 아무도 알 수 없다. 물론 미래를 예측하거나 길흉화복을 점치거나 할 수는 있다. 문제가 생기지 않도록 대비할 수도 있다. 그렇지만 그 어떤 노력도 불확실의 장막을 말끔히 걷어 내지는 못한다. 우리는 미래에 대해 기대와 희망을 품기도 하지만, 더 많이 그리고 더 자주 불안과 두려움을 느낀다.

'걱정'은 편치 않은 마음이나 불안한 마음을 가지는 것을 뜻하는데, 비슷한 말로 '근심'과 '염려'가 있다. 세 단어는 불안한 마음을 속성으로 한다는 점에서 공통되지만, 몇 가지 점에서 차이가 있다.

㉮ 별일 없을 테니 걱정/염려/근심 마세요.

㉯ 여러분의 염려/걱정/근심 덕분에 일을 잘 마칠 수 있었습니다.

㉰ 여기선 먹을 것이 지천이라 굶어 죽을 염려는/걱정

은/근심은 없어요.

㉰   우리 애는 공부를 너무 안 해서 걱정이에요/염려예
      요/근심이에요.

㉱   아버지는 근심/걱정/염려 어린 눈길로 나를 바라보
      셨다.

㉲   그는 근심이/걱정이/염려가 많아 밤에 잠을 못 이루
      곤 한다.

우선 세 단어는 문체적 차이가 있다. 염려는 주로 입말
로 쓰이고, 근심은 대체로 글말로 쓰이며, 걱정은 셋 중 가
장 빈도가 높은 말로서 입말과 글말 모두에서 폭넓게 쓰인
다. 위의 예에서 ㉮, ㉯, ㉰, ㉱는 구어적으로 쓰인 것이고,
㉱와 ㉲는 글에서 쓰인 것이다.

㉮~㉲에서 나타나는 차이는 호응 관계로 설명할 수도
있다. 곧 자식의 귀가가 늦어져서 불안해하는 사람에게 흔
히 '걱정 마세요'나 '염려 마세요'라고 하지 '근심 마세요'라
고는 잘 하지 않으며(㉮의 경우), 일이 잘 마무리된 것이 주위
에서 성원해 준 분들의 '염려 덕분'이나 '걱정 덕분'이라고
말하지 '근심 덕분'이라고 말하지는 않는다(㉯의 경우). 또 굶
어 죽을 염려나 걱정이 없다고 하는 경우는 있으나 굶어 죽

을 근심이 없다고 하는 경우는 없다(⑪의 경우). '–아서/어서'
나 '–ㄹ까/을까 봐', '–ㄹ 텐데/을 텐데' 등은 '걱정이다'와
호응할 뿐 '염려(이)다', '근심이다'와 호응할 수 없다(⑫의 경
우). 그런가 하면, '근심 어린 눈길'과 '걱정 어린 눈길'은 자
연스럽지만 '염려 어린 눈길'은 부자연스러우며(⑬의 경우),
'근심이 많다'와 '걱정이 많다'는 입에 잘 붙지만 '염려가 많
다'는 어줍고 껄끄럽다(⑭의 경우).

또한 세 단어는 의미가 어슷비슷하면서도 미묘하게
다르다. 걱정이 '좋지 않은 일이 일어날까 봐 편치 않은 마
음을 가지는 것'이라면, 염려는 '잘못되지 않을까 마음을
쓰는 것'이고, 근심은 '해결되지 않는 일 때문에 괴로워하
는 것'이다. 곧 염려는 관심을 가지거나 마음을 쓰는 것으
로 상대적으로 문제가 덜 심각한 경우에 쓰고, 근심은 괴로
워하거나 속앓이를 하는 것으로 상대적으로 더 심각한 경
우에 쓰며, 걱정은 편치 않은 마음을 가지는 것으로 어느
경우든 두루 쓴다고 할 수 있다.

ⓐ 소풍날 비가 오지 않을까 걱정이/염려가/근심이 되
    었다.
ⓑ 그에게는 오래전부터 남모르는 근심이/걱정이/염려

가 있었다.

　초등학생이 소풍날 비가 오면 어쩌나 하고 불안을 느끼는 것은 고민의 강도가 비교적 가벼우므로 걱정이나 염려일 수는 있어도 근심이기는 어렵고(㉮의 경우), 어떤 문제를 쉽사리 해결하지 못하고 오래전부터 끙끙 앓는 것은 근심이나 걱정일 수는 있어도 염려이기는 어렵다(㉯의 경우).

　한편 걱정과 근심은 나란히 붙어서 쓰이기도 한다. "나이가 들수록 걱정 근심이 늘어 간다."나 "집안에 근심 걱정이 끊일 날이 없다."와 같이 순서가 바뀌어 쓰이기도 하는데, 어느 경우든 단독으로 쓰일 때보다 강조된 의미를 띤다. 앞의 예에서 보듯, 구체적이고 특정한 맥락보다는 막연한 상황에서 쓰이며 '이런저런', '온갖' 등의 뜻을 함축한다.

겸손과 겸허와 겸양

입만 열면 자기 자랑을 일삼는 사람이 있다. 학교 다닐 때 일등을 놓친 적이 없다는 둥, 입학시험이든 입사 시험이든 한 번도 떨어진 적이 없다는 둥, 그들은 자기 잘난 점을 드러내어 주위 사람들로부터 인정받고 싶어 한다. 하지만 상대방은 그의 면전에서 "대단하시네요."라고 마지못해 맞장구야 치겠지만 마음속으로는 '또 시작이군.' 하고 콧방귀를 뀔 뿐이다. 사람들은 본시 자기를 높이는 사람보다 자기를 낮추는 사람을 더 좋아하고 신뢰하기 마련이다.

'겸손'은 남 앞에서 자신을 내세우지 않고 낮추거나 다른 사람을 높이는 태도, 자기를 내세우기보다 남을 먼저 배려하고 존중하는 마음 자세를 가리킨다. 예를 들어, 사업에 큰 성공을 거둔 기업인이 "저는 아무것도 한 게 없어요. 직원들이 합심해서 노력을 다한 결과예요."라고 말한다면 그는 겸손한 태도나 자세를 가진 사람이다.

'겸허'는 자신이 늘 옳을 수는 없음을, 또는 자신에게도 잘못이나 부족함이 있음을 성찰하는 태도를 가리킨다.

어떤 사람이 자신을 향해 뼈아픈 비판을 했을 때 그것을 흔쾌히 받아들일 줄 안다면 그는 겸허한 태도를 가진 사람이다.

겸손과 겸허는 자기 낮춤의 태도가 있다는 점에서 서로 비슷하나 의미 초점이 다르다. 겸손이 대인 관계에서의 태도에 초점이 있는 반면, 겸허는 내면적 자기 성찰의 태도에 초점이 있다.

㉮ 그 사람은 참 겸손하다/겸허하다.
㉯ 진정한 겸손은/겸허는 성숙한 인격에서 우러나온다.
㉰ 그의 겸손은/겸허는 가식에 불과하다.
㉱ 그는 당대 최고의 과학자임에도 사물을 대할 때 겸허한/겸손한 태도를 잃지 않았다.
㉲ 정치 지도자는 늘 국민의 목소리에 겸허하게/겸손하게 귀 기울여야 한다.

어떤 사람이 대인 관계에서 자기를 낮추는 말과 행동을 할 경우에 사람이 참 겸손하다고 말한다(㉮의 경우). 겸손하다는 말은 한편으로 외적으로 드러난 언행에 대한 판단이지만, 다른 한편으로는 마음 자세에 대한 판단일 수 있다. 성숙한 인격에서 우러나오는 겸손은 진심으로 남을 배려하고 존중하는 마음 자세가 있음을 뜻한다(㉣의 경우). 그렇지만 외적인 말과 행동은 짐짓 위장된 것일 수도 있다. 속으로는 자기 공이라 여기면서 말로만 남의 덕으로 돌리는 것은 가식에 불과한 겸손이다(㉤의 경우).

과학자가 새로운 사물을 탐구할 때 열린 마음으로 자기 앎의 한계를 성찰한다면 그는 겸허한 태도를 가졌다고 할 수 있다(㉥의 경우). 또한 정치 지도자라면 국민이 자신을 비판하든 지지하든 마땅히 그 목소리에 귀 기울여야 하는데, 이처럼 오만에 빠지지 않고 자기 성찰을 게을리하지 않는다면 겸허하다고 할 수 있다(㉦의 경우). ㉥와 ㉦의 경우, 자기 낮춤의 의미도 있다는 점에서 '겸손하다'도 가능은 하나 아주 자연스럽다고 하기는 어렵다.

한편 '겸양'은 자기를 내세우지 않고 낮추거나, 자기 뜻을 굽히고 남에게 어떤 일을 양보하는 것을 가리킨다. 겸양에는 겸손과 의미가 겹치는 부분도 있다.

㉧ 그는 일은 도맡아 하고 이름은 남에게 돌리는 겸양의/겸손의 소유자였다.

㉨ 원만한 타협을 하려면 서로가 한발씩 양보하는 겸양

의/겸손의 미덕이 필요하다.

㉽는 자기를 내세우지 않고 낮추는 것이라는 점에서 겸양과 겸손이 모두 가능한 예이고, ㉾는 자기 뜻을 굽히고 어떤 일을 양보하는 것이라는 점에서 겸양만이 가능한 예이다.

또 하나 주목해야 할 점은 파생어의 품사 차이다. '겸손하다'와 '겸허하다'는 형용사이지만, '겸양하다'는 동사이다. 다음은 세 단어의 뜻풀이다.

- 겸손하다: 남 앞에서 자기를 내세우지 않고 낮추거나 다른 사람을 높이는 태도가 있거나, 자기를 내세우기보다 남을 먼저 배려하고 존중하는 마음 자세가 있다.
- 겸허하다: 자신이 늘 옳을 수는 없음을, 또는 자신에게도 잘못이나 부족함이 있음을 성찰하는 태도가 있다.
- 겸양하다: 자기를 내세우지 않고 낮추거나, 자기 뜻을 굽히고 남에게 어떤 일을 양보하다.

경험과 체험

경험을 가리켜 혹자는 '지식의 어머니'라고 했고, 혹자는 '최고의 교사'라고 했다. 경험은 우리에게 새로운 깨달음과 깊은 통찰력을 가져다준다. 우리의 삶은, 아니 우리 자신은 무수한 경험의 조각으로 쌓아 올린 축적물인지도 모른다. 경험 없이, 경험에 대한 성찰 없이 어찌 삶의 문양을 다채롭게 직조할 수 있을 것인가?

'경험'은 어떤 일을 해 보거나 겪는 것, 또는 거기에서 얻은 지식이나 깨달음을 가리킨다. '운전 경험'은 운전을 반복적·지속적으로 해 본 일이나 그로 인해 가지게 된 지식이나 기술을 가리키고, '연애 경험'은 연애를 일정 기간 겪어 본 일이나 그로 인해 얻게 된 앎이나 깨달음을 가리킨다. 또 "그는 오랫동안 바다에서 고기를 잡은 경험이 있다."에서의 경험은 삶에서 겪은 일을 뜻한다. 이처럼 경험은 대체로 어떤 일을 일정 기간 지속하거나 여러 번 반복하여 겪는 것을 가리킨다. 물론 단 한 번 겪은 일을 가리키는 경우도 없지 않다. '첫 경험', '평생 잊을 수 없는 짜릿한 경험' 등의 경우가 그러하다. 이때의 경험은 특별히 기억에 남아 있는 경우를 주로 가리킨다.

'체험'은 어떤 일을 해 보는 것을 가리킨다는 점에서 경험과 유사하지만, 그 일이 비일상적이고 이색적인 것이면서 의도적으로 기획된 것이라는 점에서 경험과 구별된다. '운전 경험'이나 '연애 경험'을 '운전 체험'이나 '연애 체험'이라고 말하지 않는 것은 '운전'이나 '연애'가 비일상적·이색적이지 않을 뿐만 아니라 의도적으로 기획된 행위가 아니기 때문이다.

㉮　방학을 이용하여 농촌 체험을/경험을 하다.
㉯　○○군에서는 갯벌 체험/경험 행사를 개최할 예정이다.

'농촌 체험'은 주로 외지인이 농촌에 가서 농사일을 직접 해 보거나, 농촌의 풍광이나 전통문화를 몸으로 느껴 보는 일을 가리키는데, 이를 '농촌 경험'이라고 하지는 않는 이유는 그 일이 비일상적이고 일회적으로 기획된 것이기 때문이다. '갯벌 체험' 역시 마찬가지다. 도시인이 조개나 낙지를 잡는 행사는 이색적이고 일회적이며 이벤트로 기획득된 일이므로 경험이 아닌 체험인 것이다.

하지만 경험과 체험의 구별이 늘 명확한 것은 아니다.

㉓ 전쟁을 체험한/경험한 세대.
㉔ 기도하는 동안 영적 체험을/경험을 하다.

위의 예에서 체험과 경험의 근본적 의미 차이를 발견하기 힘들다. 다만 체험이 경험보다 더 직접적이거나 강렬하고 생생한 어감을 가진다. '몸소 겪은 경험' 또는 '강렬하고 생생한 경험'이 체험이다. '전쟁 체험'이 '전쟁 경험'보다 더 생생하고 절절한 느낌을 주고, '영적 체험'이 '영적 경험'보다 더 강렬하고 전율적인 느낌을 준다고 할 수 있다.

한편 경험은 일을 하거나 겪은 결과 얻은 지식이나 기술의 의미를 추가로 담고 있지만, 체험은 그런 의미를 담기 어렵다.

㉕ 세상을 살다 보면 많은 경험이/체험이 쌓인다.
㉖ 그는 사업에 풍부한 경험이/체험이 있다.

경험은 일정 기간 반복되고 지속되므로 그로 인해 지

식·깨달음·기술 등이 쌓일 수도 있고 풍부해질 수도 있지만, 체험은 대체로 일회성을 벗어나기 어려우므로 그렇게 되기 어렵다.

고독과 외로움

호모 사피엔스의 유전자에는 무리 지어 사는 것이 절대적으로 유리하다는 경험이 생존 정보로 각인되어 있다. 벌판에 혼자 내던져진다는 것이 얼마나 위험한 일인지 현생 인류는 수십만 년 동안 수없이 경험하여 왔다. 사납고 힘센 동물의 습격을 피하려면 더불어 살면서 서로 협력하는 것만이 최선이었으리라. 홀로 있을 때 불현듯 불안, 두려움, 쓸쓸함, 고독, 외로움 등의 감정에 사로잡히는 것은 유전자에 프로그래밍된 생존 기제의 발로라 할 수 있다.

㉮ 고독을/외로움을 술로 달래다.
㉯ 그 사람은 배우자와 사별한 후 고독을/외로움을 자주
　　 느꼈다.

앞의 예에서 보듯 '고독'과 '외로움'은 혼자일 때 느끼는 쓸쓸한 감정이라는 점에서 거의 같다. 아무도 없이 혼자 동떨어져 있는 상태, 또는 의지하거나 마음을 나눌 누군가

가 곁에 있었으면 하고 바라는 상태가 고독이고 외로움이다. 따라서 고독을 달래는 것과 외로움을 달래는 것, 고독을 느끼는 것과 외로움을 느끼는 것 사이에 별다른 차이를 발견하기 어렵다.

그렇지만 고독과 외로움이 늘 서로 바꾸어 쓸 수 있는 것은 아니다.

㉑ 친구가 없어 외로운/고독한 아이.

㉒ 벌판에 나무 한 그루가 외롭게/고독하게 서 있다.

㉓ 그 사람은 유난히 외로움을/고독을 탄다.

외로움은 대체로 고독보다 폭넓게 쓰인다. 외로움은 '혼자 있음', '쓸쓸함'의 의미 자질만 충족되면 두루 쓰이지만, 고독은 그렇지 않을 때가 많다. '외로운 아이'와 '외롭게 서 있는 나무'는 자연스러우나 '고독한 아이'와 '고독하게 서 있는 나무'는 어색하다. 이러한 차이는 두 단어의 의미 자질이 미세하게 다른 데에서 기인한다. 외로움이 유년을 포함한 모든 인간과 무정물에 대해 쓸 수 있는 데 반해, 고독은 유년을 제외한 인간에 대해서만 쓸 수 있다. 그런가하면 '외로움을 타다'라고는 하지만 '고독을 타다'라고는 하지 않는다. 곧 '타다'는 외로움과는 결합이 가능하지만 고독과는 결합이 불가능하다. 이 같은 단어 결합의 제약 현상을 언어학에서는 '연어 제약'이라고 부른다.♦

또 고독은 외로움의 '혼자 있음', '쓸쓸함'에 더해 '자발적 고립'의 요소까지 포함하고 있다. '자발적 고립'이란 자신의 의지로 홀로 있음을 선택한 것을 뜻한다.

ⓑ   예술가는 운명적으로 고독과/외로움과 마주할 수밖에 없다.

ⓐ   니체는 고독한/외로운 사상가이다.

위 예문에서 고독은 자발적 고립을 통해 내면을 성찰하고 관조하는 상태를 뜻한다. 곧 혼자 있음을 수동적으로 견디는 데 머물지 않고 홀로 있음을 내면 성찰로 끌어올리는 것을 가리킨다. 예술적 상상력이나 철학적 사유에는 자기 내면으로 침잠하는 고독의 시간이 필요하다. 타인과 세계로부터 자신을 의도적으로 격리하고 자기만의 내면 공간을 가질 때 진정한 창조와 성장을 얻을 수 있기 때문이다.

한편 '외롭다'는 구어적이고 '고독하다'는 문어적이다.

♦ '연어(連語)'란 두 개 이상의 단어가 (주로 제한적으로) 결합하여 의미적으로 하나의 단위를 이루는 말로, '눈을 뜨다, 머리를 감다, 물구나무를 서다' 등을 예로 들 수 있다. 곧 '뜨다', '감다', '서다'는 '눈', '머리', '물구나무'와 제한적으로 결합하여 하나의 단위를 이룬다.

친한 친구와의 대화에서 "나 너무 외로워. 외로워 미치겠어."라고는 말하지만, "나 너무 고독해. 고독해 미치겠어."라고는 잘 말하지 않는다. '고독하다'는 "인간은 근원적으로 고독하다."나 "그의 삶은 화려했지만 늘 고독했다."와 같이 글말로 쓰일 때 더 자연스럽다.

공부와 학습

우리나라 부모가 자녀에게 가장 자주 하는 말은 아마도 '공부'가 아닐까 싶다. "제발 공부 좀 해라.", "공부는 다 했니?", "맨날 놀기만 하고 공부는 언제 하려고 그러니?" 등등. 이때의 공부란 다름 아닌 학교 공부를 가리킬 터, 국어 공부, 영어 공부, 수학 공부와 같은 학과 공부가 그것이다. 이런 공부는 흔히 시험에 의해 점수와 등수가 매겨지기도 한다. 온갖 형태의 시험공부, 예컨대 입시 공부, 고시 공부, 취직 시험 공부, 자격시험 공부 등은 모두 경쟁에서 이기기 위한 공부라는 점에서 같은 범주에 속한다.

그렇지만 '공부'란 본질적으로 어떤 지식이나 학문을 배우거나 알아 가는 것을 뜻한다. 다른 사람에게 가르침을 받는 것뿐 아니라 독서와 사색을 통해 스스로 사물에 대해 연구하고 이치를 터득하는 것까지 넓게 포함한다. 공부의 출발점은 앎에 대한 욕구다. 모르던 것을 새롭게 알게 되어 생각의 지평이 넓어졌을 때, 뿌듯한 기쁨을 느끼게 된다. 이 기쁨이 공부를 추동하는 진정한 힘이다.

그런 점에서 보면 오늘날 우리나라의 학교 공부는 참다운 공부라기에는 미흡한 점이 있다. 앎의 욕구가 배제되고 앎의 과정에서 오는 기쁨이 생략되기 일쑤이기 때문이다. 시험을 위한 공부, 좋은 성적을 내기 위한 공부, 경쟁에서 이기기 위한 공부는 목적으로서의 공부가 아니라 수단으로서의 공부다. 진정한 공부는 사고의 확장과 내면의 성장을 가져다주는 공부가 아닐까?

'학습'은 일정한 교육 과정에 따라 어떤 지식이나 이론, 기능 등을 배우는 것을 가리킨다. 지식을 배우는 것을 가리킨다는 점에서 학습과 공부가 다르지 않으나, 실제 쓰임에서는 적지 않은 차이를 보인다.

㉮ 민수는 공부를/학습을 잘한다.
㉯ 지금은 마땅히 공부에/학습에 힘써야 할 때다.
㉰ 교사가 다양한 매체를 활용하면 학습이/공부가 효율적으로 이루어질 수 있다.
㉱ 개별 학습, 반복 학습, 보충 학습, 선행 학습, 심화 학습, 암기 학습, 토론 학습
㉲ 글공부, 늦공부, 밤공부, 벼락공부, 시험공부, 한무릎공부

이와 같은 둘의 차이는 어디서 오는가? 첫째, '공부'는 배우는 자에게, '학습'은 가르치는 자에게 초점이 있다. 공부가 배우는 자의 의지나 능력 등에 관심의 초점이 있다면, 학습은 가르치는 자의 의도나 계획 등에 관심의 초점이 있다. 민수는 학습을 잘한다기보다 공부를 잘한다고 말하며 (㉮의 경우), 공부에 힘쓴다고 하지 학습에 힘쓴다고는 잘 하지 않는다(㉯의 경우). 또 교사가 다양한 매체를 잘 활용할 때 효율적으로 이루어질 수 있는 것은 학생의 학습이다(㉰의 경우). 둘째, '공부'가 학교에서의 배움뿐 아니라 사회 교육과 독학, 기타 실용 목적의 탐구와 수련(요리 공부, 미용 공부 따위)을 모두 포괄하는 데 반해, '학습'은 주로 제도 교육의 공간에서 이루어지는 수업을 가리킨다. 체계적인 교육 과정이나 교육 방법론에 따라 이루어지는 배움의 활동만을 학습이라 일컫는다. 이런 특성 때문에 학습은 여러 명사와 어울려 '개별 학습, 반복 학습'과 같은 유의 교육 전문어를 만들어 낸다(㉱의 경우). 공부는 그런 전문어를 만들어 내지 못하는 대신에 '글공부, 밤공부'와 같은 일반어의 성질을 띤 파생어와 합성어를 만들어 낸다(㉲의 경우).

한편 본뜻과 조금 다른 의미의 공부와 학습도 있다.

ⓑ　그는 험난한 세상에서 숱한 좌절을 겪으면서 값비싼 인생 공부를 했다.

ⓢ　마음공부처럼 어려운 공부가 없다.

ⓐ　학습된 무기력에 빠지다.

'인생 공부'란 삶의 과정에서 얻게 되는 깨달음을 가리키는 것으로, 지식 위주의 공부와 구별되고(ⓑ의 경우), '마음공부' 역시 마음을 청정하게 닦는 일을 가리킨다는 점에서 일반적 공부와 차이가 있다(ⓢ의 경우). 그렇지만 성숙을 위한 인생 공부가 삶을 탐구의 대상으로 한 것이라는 점에서, 마음을 닦는 마음공부도 오랜 시간 꾸준한 노력이 필요하다는 점에서 사물의 이치를 궁구하는 공부와 근본적으로는 다르지 않다.

'학습된 무기력'이란 실패나 좌절에 반복적으로 빠지다 보면 좋은 조건이나 환경에 놓여도 무력감을 벗어나지 못함을 이르는 말로, 이때의 '학습'은 어떤 경험의 결과로 얻어지는 앎이나 배움을 의미한다(ⓐ의 경우).

공중과 허공

'공중'은 하늘 아래, 땅 위의 빈 공간이나 위치를 가리킨다. 공중은 그저 텅 빈 공간이 아니라 어떤 물체가 존재하는 공간으로, 발화發話에서 아무 물체도 없는 공중은 성립하기 어렵다. 공중을 말하는 순간 물체도 언급할 수밖에 없다. 그 물체는 지면에 닿지 않은 상태로 떠 있거나 지면 위로 솟구치거나 지면을 향해서 떨어지거나 한다. 공중은 하늘과 땅 사이에 있는 물체의 움직임이나 위치를 보여 주는 배경이자 좌표라고 할 수 있다.

㉠　새 한 마리가 공중을 날고 있다.
㉡　배트에 맞은 야구공이 공중으로 높이 솟았다.

앞의 예문은 새가 날고 야구공이 솟는 위치나 공간이 공중임을 보여 준다. 기실 청자의 시선은 공중이 아닌 새나 야구공을 좇고 있을 터이다.

'허공' 역시 땅 위의 빈 곳을 가리킨다는 점에서 공중과 크게 다르지 않다. 다만 허공은 공중과 달리 빈 공간 자체를 가리킬 수 있다.

    ㉤   그는 말없이 허공만/공중만 바라보았다.

    ㉥   그는 절망감에 사로잡혀 허공에/공중에 대고 고함을 질러 댔다.

㉤는 응시의 대상이, ㉥는 고함을 지르면서 향하는 방향이 허공임을 보여 준다. 그러나 허공의 공간에는 아무것도 존재하지 않는다. 이 경우에 허공은 그저 텅 빈 곳일 뿐 특별한 곳이 아니다. 어쩌면 그는 아무것도 바라보고 있지 않거나, 그 누구도 아닌 자기 자신을 향해 고함을 지르고 있는지 모른다.

허공에 물체가 등장할 수 없는 것은 아니다. 허공에서도 얼마든지 물체가 나타날 수 있다. 하지만 허공은 공중에 비해 그 위치나 좌표가 막연하거나 모호하다.

    ㉦   검이 휙 하는 소리와 함께 허공을/공중을 갈랐다.

    ㉧   그는 담배 연기를 허공으로/공중으로 길게 내뿜었다.

검이 빠르게 허공을 가르면서 지나갔지만, 검의 궤적을 알기 어렵다. 검이 무엇을 베었는지는 사후에야 알아차릴 수 있다. 허공은 물체의 위치를 명확히 보여 주지 않는다. 담배 연기가 내뿜어진 허공 역시 막연히 텅 빈 곳을 가리킨다. '허공으로'를 빼도 문장은 전혀 손상되지 않는다. 허공은 막연한 위쪽을 가리킬 뿐이다.

허공은 공중과 달리 쓸쓸함, 처량함, 허무함 같은 정서적 분위기를 자아내기도 한다. 말없이 허공만 바라보는 자(㉫의 경우), 담배 연기를 허공으로 내뿜는 자(㉬의 경우)의 내면 풍경은 어딘지 쓸쓸함이나 허무함이 깃들어 있는 것 같다. 공중이 물리적·객관적 공간을 나타내는 데 반해, 허공은 정서적·주관적 공간을 나타내기도 하는 특성 때문에 문학적 표현에 자주 등장하곤 한다.

㉯   산산이 부서진 이름이여! 허공중에 헤어진 이름이여!
     (김소월, 「초혼」, 1925)
㉰   허공 속에 묻어야만 될 슬픈 옛이야기(조용필 노래, 「허공」, 1985)

앞 예문에서 '허공중'이나 '허공'을 공중으로 바꾸기

어려운 것은 공중이 정서적 분위기를 담아 내지 못하기 때문이다. ㉑의 '허공중'은 임의 부재를 절절하게 상기시키는 허무의 공간이고, ㉒의 '허공'은 옛이야기를 물어야 하는 망각의 공간이라 할 수 있다.

한편 공중은 다른 명사와 어울려 합성어나 구를 풍부하게 생산해 내지만, 허공은 그러지 못한다.

㉓   공중그네, 공중누각, 공중분해, 공중비행, 공중제비, 공중 곡예, 공중 급유, 공중 낙하, 공중 납치, 공중 부양, 공중 수송, 공중 폭격

허공이 이와 같은 합성어와 구를 산출하지 못하는 것은 공중과 같은 중립성과 객관성을 가지지 못한 데서 기인한 것으로 보인다.

공허하다와 허전하다

누구나 살아가는 동안 마음이 공허하다고 느낄 때가 있다. 모두 이루었다고 생각했는데 갑자기 모든 것이 부질 없어 보일 때, 악착을 떨면서 살아온 것이 문득 후회스러울 때, 부와 명예를 거머쥐고도 조금도 행복하지 않을 때 공허감이 무겁게 밀려온다. '공허함'은 삶에서 아무런 의미나 보람도 읽을 수 없는 자의 쓸쓸한 내면 풍경이다.

허전한 마음은 공허한 마음과 달리 어떤 사람이나 사물의 부재로 인해 가슴 한구석이 텅 빈 것 같은 마음을 가리킨다. 정든 사람과 헤어지거나 곁을 지키던 사람이 멀리 떠나면 허전한 마음을 억누를 수 없게 된다. '허전함'은 상실감을 느끼는 자의 서운하고 쓸쓸한 감정을 나타낸다.

㉮ 마음이 공허하다/허전하다.
㉯ 삶의 목표가 없다면 마음이 공허할/허전할 수밖에 없다.
㉰ 아이들이 모두 떠나 버리고 나니 마음이 허전했다/공

허̌했̌다̌.

마음은 공허할 수도 있고 허전할 수도 있으나, 그 의미는 사뭇 다르다. 목표가 없는 삶은 의미도 보람도 없을 터이므로 마음이 '공허'하고, 명절날 손주들이 찾아와 집 안이 떠들썩했는데 그들이 가고 나면 왠지 마음 한구석이 텅 빈 것처럼 '허전'하다.

㉣　공허한/허̌전̌한̌ 관념의 유희.
㉤　감성 없는 지성은 공허하고/허̌전̌하̌고̌, 지성 없는 감성은 맹목에 불과하다.

위의 예는 '공허하다'가 사물이 참된 내용이나 가치를 가지지 못하는 상태에 있음을 가리키는 것으로, '허전하다'는 그런 뜻을 나타낼 수 없다. 실천이 뒷받침되지 않는 관념은 공허하다고 할 수 있지만 허전하다고 할 수는 없으며, 따뜻한 감성이 없는 차가운 지성 역시 공허하다고 할 수 있지만 허전하다고 할 수는 없다.

㉥　그는 공허한/허̂전̂한̂ 눈동자로 멍하니 허공만 바라볼

뿐이었다.

또한 '공허한 눈동자'나 '공허한 눈빛'은 초점을 잃거나 생기가 없는 눈동자나 눈빛을 가리킨다. 삶의 의미를 잃거나 강한 정신적 충격을 받거나 아무 생각 없이 멍한 상태일 때 눈빛은 공허한 상태가 된다. '허전한 눈동자'나 '허전한 눈빛'은 그다지 자연스럽지 않다.

㉑ 목걸이가 예쁘다고요? 목이 허전해서/공허해서 그냥 한 거예요.
㉒ 저녁을 굶었더니 속이 허전해서/공허해서 잠이 안온다.

어느 곳에 마땅히 갖추어져야 하거나 있어야 할 것이 없을 때에는 '허전하다'만 쓸 수 있다. '빈 곳이 휑해서 싫다', '비어 있는 곳을 무언가로 채우거나 메우거나 꾸미고 싶다'와 같은 심리 상태가 '허전하다'이다. '목이 허전하다'는 목 주위가 비어 있어 목걸이나 스카프 따위로 꾸미거나 가리고 싶은 상태를 가리키고, '벽이 허전하다'는 벽에 아무것도 없어 그림이나 사진 액자 같은 것을 걸어 장식하고 싶은 상태를 가리킨다. 또 '속이 허전하다'는 배 속이 비어서 음식을 먹고 싶은 욕구가 있음을 나타낸다.

과일과 과실

"과일 망신은 모과가 다 시킨다."라는 속담이 있다. 모과가 어떻기에 과일 망신을 시킨다고 했을까? 모과가 정말 과일이기는 한 것일까? 맛이 시고 떫어서 날로 먹기도 어려운데, 과연 과일의 반열에 오를 수 있을까? 그렇다면 '과일'은 어떤 자격을 가진 열매일까? '과일'에 대한 『표준국어대사전』의 뜻풀이를 살펴보자.

- 과일: 나무 따위를 가꾸어 얻는, 사람이 먹을 수 있는 열매. 대개 수분이 많고 단맛 또는 신맛이 난다. 사과, 배, 포도, 귤, 감, 바나나, 밤 따위가 있다.
  〔동의어〕 과물·과실·실과.

'과일'의 일차적 의미는 사람이 먹을 수 있는 열매다. 모과는 날로 먹기 어렵기는 하지만 술을 담그거나 차로 우려내어 먹을 수 있는 열매이기 때문에 일단 과일의 자격을 가진다고 볼 수 있다. 문제는 그다음이다. 수분이 많고 단맛 또는 신맛이 나야, 곧 과즙이 풍부하고 당도가 높아야 비로소 과일다운 과일일 텐데 모과는 그 점에서 함량 미달이 아닐 수 없다. 따라서 모과는 과일로서의 필요조건은 갖추었지만 필요충분조건까지 갖추지는 못했다고 볼 수 있다.

그런데 이 부분에서 슬며시 의문이 고개를 든다. '밤'은 수분도 많지 않고 당도도 높지 않으면서 '과일'의 예로 제시되었는데 이는 타당한가? 밤은 삶거나 구우면 당도가 높아지긴 하지만, 날로 먹으면서 과즙과 단맛을 즐기는 과일의 전형적 범주에서 많이 벗어나 있지 않은가? 또 하나, '나무 따위를 가꾸어 얻는 열매'라는 정의에서 '따위'가 의미하는 범주의 한계가 불명확하다. 초본 식물을 포함하는 의미라면 수박·참외·딸기 등이 포함될 터인데, 정작 그것들이 예로 제시되지는 않아 『표준국어대사전』의 입장이 무엇인지 아리송하다.

무엇보다 가장 이해가 가지 않는 것은 '과실'이 과일의 동의어라는 점이다. 과일이 과실의 음운적 변화에 의해 생긴 말이기는 하지만, 의미가 완전히 같다는 데에는 동의하기 어렵다. 두 단어가 완전 동의어라면 어떤 문맥에서도 서로 바꾸어 쓸 수 있어야 하는데 그렇지 않기 때문이다. 가령 "제철 과일이 맛도 좋고 건강에도 좋아요."라든가 "과일 좀 내갈까요?"의 경우에 과일을 과실로 바꾸는 게 어색하게 느껴진다.

과실은 한 세기 전만 해도 널리 쓰였으나, 오늘날에는 주로 농학·원예학 등의 전문 분야에서나 쓰이는 말로 세력이 약화되었다. 그뿐만 아니라 두 단어는 각각 의미 분화를 겪었다. 과실은 '나무를 가꾸어 얻는, 사람이 먹을 수 있는 열매'로, 과일은 '나무나 초본 식물을 가꾸어 얻으며 수분이 많고 단맛이나 신맛이 나는, 사람이 먹을 수 있는 열매'로 새롭게 정의할 필요가 있다. 이 정의가 옳다면 사과·배·포도·귤·감·바나나 등은 과일이기도 하고 과실이기도 하지만, 밤·잣·호두 등은 과일이 아닌 과실이며, 수박·참외·딸기 등은 과실이 아닌 과일이다. 그렇다면 머루나 다래처럼 저절로 나는 나무의 열매는 무엇인가? 그것은 과일도 아니고 과실도 아닌, 그냥 '열매'라고 해야 하지 않을까?

혹자는 수박이나 참외는 과일이 아니고 '채소'라고 주장한다. 그러나 채소나 과실은 주로 농학 등에서 사용하고, 과일은 언중이 일상에서 사용하므로 서로 층위가 다른 말이다. 전자는 그 외연이 엄격하지만 후자는 범주의 경계가 느슨하고 모호하다. 따라서 수박과 참외는 일상어로는 과

일이면서 전문어로는 채소(정확하게는 '열매채소')인 셈이다. 토마토가 과일인지 채소인지에 대해서도 종종 논란이 일지만 이 역시 수박·참외 부류와 동일하게 볼 수 있다. 다만 서양에서는 토마토를 요리의 재료로 사용하는 데 반해, 우리는 당도가 낮음에도 불구하고 주로 간식이나 후식으로 먹는다. 이는 식품 자체와 상관없는 문화의 차이일 뿐이다.

교포와 동포와 교민

우리는 한반도를 터전으로 하여 오랫동안 단일 민족으로 살아왔다. 수천 년 동안 외세의 칼날에 수없이 베이고 찢기면서도 하나의 핏줄이라는 정체성을 꿋꿋이 지켜 왔다. 우리가 '한민족'이라는 말에 은근한 자부심을 느끼는 것은 그 역사에 대한 긍정적 인식 때문이리라.

그렇지만 근대의 길목에서 우리 민족의 일부는 어쩔 수 없이 낯선 땅으로의 엑소더스를 선택할 수밖에 없었다. 그들은 살아남기 위해, 혹은 강요에 의해 고국을 등지고 북간도, 연해주, 하와이, 멕시코, 일본 등지로 떠나야 했다.

국외에 사는 우리 겨레를 가리켜 흔히 교포, 동포, 교민 등으로 부른다. '교포'는 같은 민족에 속하지만 다른 나라에 정착했거나 다른 나라의 국민으로 살고 있는 사람을 가리키는 말이고, '동포'는 거주지나 국적이 어디든 상관없이 같은 민족에 속하는 사람을 통틀어 일컫는 말이다. 동포는 한배에서 태어난 형제자매를 뜻하던 말이었는데 같은 민족을 뜻하는 말로 의미가 확대되었다. '교민'은 다른 나라에 살고 있는 동포로, 교포뿐만 아니라 외국에 장기간 머무르는 유학생, 주재원 등을 모두 이르는 말이다. 교포, 동포, 교민의 관계는 다음과 같은 등식과 집합 기호로 간략하게 나타낼 수 있다.

교포=외국 정착 무국적 동포+외국 국적 동포

동포=국내 자국민+국외 동포+북한 동포

교민(국외 동포)=외국 장기 체류자+교포

동포⊃교민⊃교포

정리해 보면 동포는 국내의 자국민과 국외의 동포와 북한 동포를 아우르는 말이고, 국외 동포는 교민과 같은 말로 교포와 외국 장기 체류자(유학생이나 주재원 등)를 아우르는 말이다. 교포는 외국에 정착한 무국적 동포와 국적 취득 동포를 가리킨다. 따라서 교포는 교민에 포함되고 교민은 동포에 포함되는 관계에 있다고 할 수 있다. 그런데 해방 이전만 하더라도 국내의 자국민에 대해 동포라고 일컫곤 했으나 오늘날에는 국내 자국민은 동포 대신 국민이라는 말을 주로 쓴다. 다음의 예는 그 같은 경향을 잘 보여 준다.

㉮ 이천만 동포에게 고합니다.(『동아일보』 기사 제목. 1931. 7.

7.)

㉯ 친애하는 국내외 동포 여러분!(제6대 대통령 취임사. 1967. 7. 1.)

㉰ 존경하는 국민 여러분, 국회 의장과 국회 의원 여러 분!(대통령 시정 연설. 2019. 10. 22.)

일제 강점기에 그리고 해방 이후에도 한동안 국내의 자국민을 향하여 동포라고 불렀으나, 오늘날에는 일반적으로 외국에 살고 있는 한국인(한국 국적이나 한민족 혈통을 가진 사람)이나 북한 주민만을 동포라고 부르는 경향이 있다.

이러한 변화와 함께 근자에는 '교'僑의 뜻이 '더부살이'로 부정적 어감이 강하다는 이유에서 교포나 교민이라는 말을 가급적 지양하려는 흐름이 있다. 곧 재미 교포 대신에 '재미 동포'나 '재미 한인'을 사용한다든지 교민회 대신 '한인회'를 사용하는 경우가 그것이다. 교포 대신 동포를 사용하는 현상은 1999년 「재외 동포법」이 시행된 이후 뚜렷해졌다. 이는 무엇보다 언어 관습에 기인한 것이지만, 앞서 제시한 등식에서 보듯 교포와 동포가 개념상 엄연히 구별되는 말이라는 점에서도 원인을 찾을 수 있다. 그러나 언어 현실에서는 교포와 동포가 여전히 뒤섞여 사용되고 있다.

참고로 덧붙이자면 우리나라 현행 법률에서는 교포, 교민 대신 '재외 동포', '재외 국민', '외국 국적 동포'라는 말을 사용하고 있는데, 그 구체적인 내용은 다음과 같다.

「재외동포의 출입국과 법적 지위에 관한 법률」(1992.9. 2. 제정) 제2조(정의)에서 "재외 동포"란 다음 각 호의 어느 하나에 해당하는 자를 말한다.

1. 대한민국의 국민으로서 외국의 영주권을 취득한 자 또는 영주할 목적으로 외국에 거주하고 있는 자(이하 "재외 국민"이라 한다).

2. 대한민국의 국적을 보유하였던 자(대한민국정부 수립 전에 국외로 이주한 동포를 포함한다) 또는 그 직계비속으로서 외국 국적을 취득한 자 중 대통령령으로 정하는 자(이하 "외국 국적 동포"라 한다).

구별과 구분

구별과 구분은 모두 어떤 범주에 따라 사물을 가르는 일을 가리킨다. 사물 A와 B가 서로 다른 범주에 속한다면 A와 B는 구별될 수도 있고 구분될 수도 있다. 복수의 대상을 A, B, C로 가를 때에는 '구별', 하나의 대상을 A, B, C로 가를 때에는 '구분'이라 한다. 곧 구별은 '둘 이상의 대상을 성질이나 종류에 따라 가르거나, 갈라서 차이를 두는 것'을 뜻하고, 구분은 '하나의 대상, 또는 전체의 대상을 어떤 기준에 따라 둘 이상의 것으로 나누는 것'을 뜻한다.

㉮ 남녀 구별/구분 없이 동등한 기회를 주다.
㉯ '성공한 삶'과 '행복한 삶'을 구별/구분 짓다.
㉰ 곤충의 몸은 머리, 가슴, 배로 구분이/구별이 된다.
㉱ 역사는 일반적으로 고대, 중세, 근대, 현대로 구분이/ 구별이 된다.

㉮는 남자냐 여자냐에 따라 차이를 두지 않고 기회를

줌을, ㉯는 성공한 삶과 행복한 삶을 서로 다른 것으로 갈라놓음을 가리키는 것으로, 이 경우에 구분은 사용할 수 없다. ㉰는 곤충의 몸이 세 부분으로 나누어짐을, ㉱는 역사가 네 개의 시대로 나누어짐을 가리키는 것으로, 이 경우에 구별은 사용할 수 없다. 이렇듯 '구별'은 '차이를 둠'에 초점이 있고, '구분'은 '경계를 나눔'에 초점이 있다.

그런데 구별과 구분이 같은 뜻으로 쓰일 때도 있다.

㉲ 쌍둥이라서 누가 형인지 동생인지 구별하기/구분하기 어렵다.

㉳ 적록 색맹은 붉은색과 녹색을 구별하지/구분하지 못한다.

㉲와 ㉳는 구별과 구분이 모두 가능함을 보여 준다. '둘 이상의 사물이 차이가 있음을 아는 것'을 뜻할 때에는 구별과 구분을 모두 쓸 수 있다. '구별'이 '차이를 둠'에서 '차이를 앎'으로 뜻이 확장되는 것이 가능하듯, '구분'의 뜻이 '경계를 나눔'에서 '차이를 앎'으로 확장되는 것 역시 불가능하지 않다.

ⓢ 물건을 워낙 정교하게 만들어 진짜인지 가짜인지 구별이/구분이 안 된다.

ⓐ 병아리는 날개깃의 모양으로 암수를 구별한다/구분한다.

ⓢ와 ⓐ 역시 구별과 구분이 모두 가능하다. 그 뜻은 '어떤 사물의 정체성이 이것인지 저것인지 알아내는 것'으로, '차이를 앎'이라는 점에서 ⓜ, ⓑ와 다르지 않다.

『표준국어대사전』에는 구별과 구분 중 어느 쪽 풀이에도 '차이를 앎'에 대한 명시적 언급이 없다. '구별'은 "성질이나 종류에 따라 차이가 남. 또는 성질이나 종류에 따라 갈라놓음"으로, '구분'은 "일정한 기준에 따라 전체를 몇 개로 갈라 나눔"으로 되어 있을 뿐이다.『표준국어대사전』의 용례를 보면 구별은 '차이를 앎'이라는 뜻이 가능하지만, 구분은 그런 뜻이 불가능하다고 보는 듯하다(구별에는 ⓜ, ⓑ, ⓢ, ⓐ와 같은 용례가 나타나나 구분에는 그런 용례가 전혀 나타나지 않는다). 반면『연세한국어사전』에서는 '구분'의 뜻풀이에 "여럿 중에서 다른 점이 있는 것을 알아내든지 골라내는 것"을 제시함으로써 언어 현실을 좀 더 잘 반영하고 있다.

국가와 나라

수십만 년 전 지구상에 나타난 인류는 탁월한 역량으로 모든 동물 가운데 가장 강한 자로 등극하였다. 그들이 단숨에 자연의 사다리◆ 맨 꼭대기에 오를 수 있었던 것은 고도의 지적·언어적 능력 때문이기도 하지만, 집단을 이루어 조화와 협력을 추구하는 정치적 본성 때문이기도 하다. 초기 인류는 집단에 속함으로써 고립된 개인의 나약함을 극복하였고, 그 결과 맹수의 습격과 혹독한 자연재해로부터 살아남았을 뿐 아니라, '만인 대 만인의 투쟁'을 제어하는 질서와 규범을 세울 수 있었다. 집단은 초기에 씨족 사회와 같은 혈연 중심 공동체의 성격을 띠었다가 점차 규모가 커지면서 부족 사회로 확대되었고, 더 나아가 법과 제도를 갖춘 국가로 발전하였다.

'국가'란 매우 복잡다기한 구조물이지만 한 줄로 요약하자면 "일정한 영토를 소유하고, 외부의 지배로부터 독립하며, 그 관할 내에 있는 모든 개인과 집단에 대하여 법률을 제정하고 집행하는 정치 기구를 지닌 인간 집단"(『교육학

◆ 그리스 철학자 아리스토텔레스는 '자연의 사다리'(scala naturae) 맨 위에 인간이라는 종이 있고 그 아래로 다른 동물과 식물, 무생물이 계단 모양으로 자리 잡고 있음을 역설한 바 있다.

용어사전』, 서울대학교 교육연구소, 1995)으로 정의할 수 있다. 국가는 흔히 나라라고도 하는데, 이 둘 사이에 근본적 개념 차이는 거의 없다. 실제로 언어생활에서 두 단어는 구별 없이 사용될 때가 많다. '국가의/나라의 재정이 궁핍하다', '국가를/나라를 위해 봉사하다', '국가에서/나라에서 세금을 거두다' 등에서 둘의 차이를 발견하기는 어렵다.

그렇다고 국가와 나라가 완전히 같은 말은 아니다. 둘은 미묘하게 다른 맥락에서 쓰이곤 한다.

㉮ 가깝고도 먼 나라/국가̽, 일본.
㉯ 나라를/국가̂를 빼앗긴 백성.
㉰ 철새는 때가 되면 따뜻한 남쪽 나라로/국가̽로 날아간다.

'나라'는 "사람들이 모여 일정한 주권을 가지고 스스로 삶을 영위해 가는 일정한 범위의 땅"(『뉘앙스풀이를 겸한 우리말사전』, 임홍빈 편저, 1993)이라는 뜻풀이에서 보듯, 일정한 범위의 땅이라는 데 의미의 초점이 놓인다. 그에 비해 '국가'는 정치 공동체로서의 집단, 조직이라는 점에 의미의 초점이 놓인다. 곧 나라는 감각이나 감성으로 포착할 수 있는 구체적 대상을 뜻하는 어감이 강하고, 국가는 관념으로 접근할 수 있는 추상적 대상을 가리키는 어감이 강하다. 따라서 일본은 우리에게 공간적으로는 가까워도 심리적으로는 먼 나라일 수 있지만, 가깝고도 먼 국가라고 표현하기는 어렵다(㉮의 경우). 또 '나라를 빼앗긴 백성'은 자연스럽지만 '국가를 빼앗긴 백성'이 부자연스러운 것도 같은 이유 때문이다(㉯의 경우). 나라는 구체적 대상으로서의 땅이므로 물건처럼 빼앗길 수도, 되찾을 수도 있지만, 국가는 눈에 보이지 않는 추상적 대상이므로 그렇게 하기 어렵다. 그런가 하면 나라는 삶의 터전이 되는 어느 곳이나 지역을 가리킬 수 있지만 국가는 그럴 수 없다. 제비는 가을이 되면 따뜻한 곳을 찾아 남쪽 나라로 간다고 할 수 있지만 남쪽 국가로 간다고 하기는 어렵다(㉰의 경우).

국가는 다른 단어(특히 한자어)와 어울려 숙어나 개념어를 만드는 특성이 강하나 나라는 그러하지 못하다.

㉱   군주 국가/나̽랃̽, 민주 국가/나̽랃̽, 법치 국가/나̽랃̽

한편 나라는 일부 명사나 관형격 조사 '의' 다음에 쓰여, 그 사물이 존재하는 세계나 세상을 가리킬 수 있으나 국가는 그럴 수 없다.

⑭   달나라/달 ̌국̌가, 하늘나라/하늘 ̌국̌가, 동화 나라/동화
    ̌국̌가, 모험의 나라/ ̌국̌가

달나라나 하늘나라는 달이나 하늘에 있는 국가가 아
니라, 그곳에 있다고 믿어지거나 상상되는 세상을 가리킨
다. 동화 나라도 동화에서나 있을 법한 세상을 가리키고,
모험의 나라는 모험을 체험할 수 있는 세상, 예컨대 짜릿한
놀이 기구가 있는 유락 공간을 가리킨다.

군중과 대중과 민중

인간은 무리를 이루어 산다. 무리를 이루는 특성이 비단 인간만의 것은 아니다. 다만 동물의 무리가 일차원적이라면 인간의 무리는 다차원적이다. 동물은 본능에 따라 정해진 틀의 군집을 이루지만, 인간은 이성과 지적 능력에 의해 다양한 층위의 사회 집단을 창출해 낸다.

우리말에서 사람의 무리를 나타내는 단어는 적지 않은데,♦ 그중에서 군중과 대중, 민중은 근현대 역사에서 문제적이다. 파시즘과 '군중', 매스미디어와 '대중', 저항 운동과 '민중'은 서로 밀접한 관련성을 가진다. 이들은 의미상 부분적으로 겹치는 데가 있어 혼동을 일으키기도 하나 엄연히 구별되는 말이다.

'군중'은 어느 곳에 모인 수많은 사람, 특히 시위나 집

───

♦ 사람의 무리를 나타내는 우리말 단어는 한자로 된 형태소와 결합하여 이루어지는 경우가 대부분이다. 예를 들어, 족(族)과 결합한 '가족, 동족, 민족, 부족, 씨족, 종족, 친족, 혈족, 나체족, 만주족, 몽골족, 미시족, 배낭족, 얌체족, 장발족, 제비족, 폭주족, 히피족', 파(派)와 결합한 '강경파, 개혁파, 과격파, 급진파, 기교파, 낭만파, 다수파, 반대파, 보수파, 인상파, 입체파, 혁신파', 배(輩)와 결합한 '간신배, 낭인배, 동년배, 모리배, 무뢰배, 불량배, 소인배, 시정배, 정상배, 폭력배', 중(衆)과 결합한 '공중, 관중, 군중, 다중, 대중, 문중, 민중, 언중, 우중, 청중, 회중', 도(徒)와 결합한 '교도, 신도, 역도, 폭도, 흉도', 패(牌)와 결합한 '각설이패, 깡패, 노래패, 두레패, 사당패, 싸움패, 주먹패, 춤패, 풍물패' 등이 있다.

회 등에 일시적으로 모인 사람을 가리킨다. 귀스타브 르봉과 같은 사회 심리학자에 따르면, 군중은 충동적이고 비이성적인 존재다. 그들의 생각과 감정은 선동하는 사람의 암시에 따라 쉽게 감염되고 조종된다. 그들은 이른바 '군중 심리'에 의해 자제력을 잃고 쉽사리 부화뇌동하곤 한다. 또한 자신의 힘을 전체의 힘과 동일시하여 광장에 울리는 함성을 자신의 목소리로, 수천수만의 거대한 에너지를 자신의 힘으로 여기기도 한다. 난동·폭력·광기의 대명사인 훌리건은 군중의 일그러진 얼굴을 잘 보여 준다. 아돌프 히틀러는 이러한 군중의 특성을 교묘히 이용하여 나치즘 체제를 구축했다. 독일의 군중은 히틀러의 선동적인 연설에 뜨겁게 환호했고 그의 게르만 우월주의를 열렬히 지지했다. 하지만 군중이 언제나 광란과 일탈만을 연출하는 것은 아니다. 2002년 월드컵 대회 때의 길거리 응원 등은 군중이 성숙한 시민 의식을 발현할 수도 있음을 인상적으로 보여 주었다.

'대중'은 군중과 달리 눈에 보이는 존재가 아니다. 어떤 장소에 모여 있는 구체적 존재가 아니라, 사방에 흩어져 있는 불특정 다수로서 추상적 존재이다. 대중은 19세기 이후에 출현한 산업 사회의 산물로, 대량 생산과 대량 소비, 매스 커뮤니케이션의 발달을 특징으로 하는 현대 사회의 구성원을 가리킨다. 도시화 현상으로 인해 익명화되고 원자화되어 서로 유대감을 가지기 어렵다. 인간 소외를 겪기 쉽고, 주체성 없이 남을 추종하는 타자 지향성을 띠기 쉽다. 보통 선거 제도의 도입으로 정치 참여의 길이 열렸으나 정치적 무관심에 빠지는 경우가 많고 선동 정치에 휘둘리기도 한다. 과거에 비해 문화를 풍요롭게 향유하게 되었지만 저급하고 획일화된 문화를 좇는 경향이 있다. 대중은 군중과 다른 이유로 몰개성적·무비판적 존재가 되기 쉽다. 군중은 집회가 해산되는 순간 자기 정체성을 회복하지만, 대중은 대중문화 및 대중 사회의 자장에서 벗어나지 않는 한 개성과 비판 의식을 견지하기가 쉽지 않다.

'민중'은 지난 시대에는 단순히 다수의 백성이나 인민을 뜻하였지만, 현대에 들어서는 사회적 모순과 정치권력에 저항하는 피지배 집단(노동자·농민·도시 빈민 등)의 뜻으로 더 널리 쓰이고 있다. 특히 1970~1980년대 군부 독재 정권의 정치적 억압이 엄혹하던 시절, 민중은 모순과 갈등을 혁명적으로 해결하고자 거대한 세력으로 떨치고 일어났다. 부마 항쟁(1979)이나 5·18 민주화 운동(1980), 6월 민주 항쟁(1987) 등은 민중이 역사의 전면에 등장하여 저항의 몸짓을 치열하게 보여 준 일대 사건이었다. 그즈음 민중 문학을 비롯하여 민중 미술, 민중 신학 등이 진보적 이념이나 운동으로서 크게 부각되기도 했다. 현대사에서의 민중 운동은 노동자·농민과 같은 순수한 기층민만으로 이루어진 것이라기보다 소시민과 학생·지식인이 연대하여 이루어 낸 것이라 할 수 있다.

'시민'은 좁게는 시에 거주하는 사람(서울 시민)을 가리키지만, 사회학적으로는 국가의 주권자로서 정치에 참여할 수 있는 자격을 가진 모든 사람을 폭넓게 이르는 말이다. 서양의 경우 고대 그리스나 로마에서 정치에 직접 참여할 수 있는 특정 계급의 남자(로마 시민)를 가리키거나 근대에 시민혁명을 이끈 부르주아 계층에 속하는 사람을 가리키기도 한다.

기구와 도구와 연장

기구와 도구와 연장은 모두 어떤 일을 하기 위하여 사용하는, 비교적 간단한 구조의 물건을 가리킨다. 이들 물건을 엄밀하게 구별하기는 어려우나, 각각의 특성은 대체로 다음과 같다.

'기구'는 전기나 가스를 이용하거나 의료 목적 등으로 사용되는 물건을 가리킨다. '가전 기구, 광학 기구, 난방 기구, 실험 기구, 요리 기구, 운동 기구, 의료 기구, 전기 기구, 조명 기구, 주방 기구, 피임 기구' 등을 예로 들 수 있다. '운동 기구'나 '피임 기구'는 기구의 특성에 딱 들어맞지 않으나 관습적으로 굳어져 쓰이는 말이다.

'도구'는 어떤 작업을 손쉽게 하려고 사용하는 물건을 가리킨다. '가재도구, 낚시 도구, 살림 도구, 세면도구, 응원 도구, 청소 도구, 취사도구, 필기도구' 등을 예로 들 수 있다.

'연장'은 손으로 잡고 무엇을 자르거나 박거나 캐거나 뚫거나 파거나 할 때 사용하는 물건을 가리킨다. '망치,

톱, 대패, 끌, 삽, 괭이, 낫, 호미, 가래, 갈퀴' 등을 예로 들 수 있다.

이들 중 일부는 다른 이름으로 넘나들 수도 있다. '요리 기구', '피임 기구'는 '요리 도구', '피임 도구'로 부를 수도 있고, '살림 도구'는 '살림 기구'라고 부를 수도 있다(하지만 전자가 후자보다 사용 빈도가 높다).

한편 세 단어는 문장에 쓰일 때 자립성의 차이를 보인다.

㉮　연장을/기구를/도구를 다 썼으면 제자리에 갖다 놓아라.

㉯　실험 기구를 다 썼으면 제자리에 갖다 놓아라.

㉰　필기도구를 다 썼으면 제자리에 갖다 놓아라.

기구와 도구는 자립성을 가지지 못하고 다른 단어의 수식을 받거나 다른 단어와 결합해 쓰이는 데 반해(㉯와 ㉰의 경우), 연장은 수식어의 도움 없이 자립적으로 쓰일 수 있다(㉮의 경우). 그렇다고 도구가 자립적으로 쓰이는 경우가 아주 없는 것은 아니다.

㉛　인간은 도구를/연장을/기구를 만드는 동물이다.

㉢　침팬지는 나뭇가지를 도구로/연장으로/기구로 사용
하여 개미를 잡아먹는다.

　㉛와 ㉢에서 도구는 자립성을 띠는데, 이는 문화 인류
학이나 동물 행동학 등과 관련해서 제한적으로 쓰인다. 이
경우 도구는 '작업을 위해 손, 발, 부리 등의 기능을 확대 및
보완하기 위한 물건'이라는 원초적 의미를 가진다.

　그런가 하면 도구는 어떤 목적을 이루기 위한 수단을
뜻하기도 한다.

㉤　인맥을 출세의 도구로/기구로/연장으로 삼다.

㉥　명상은 마음을 다스리는 도구이다/기구이다/연장
이다.

　㉤와 ㉥에서 보듯 도구는 무형의 추상적 수단을 뜻하
지만, 기구나 연장은 그런 뜻을 나타낼 수 없다.

기억과 추억

    우리는 평소에 기억의 중요성을 의식하지 못하지만 한순간도 기억에 의존하지 않고는 살아갈 수 없다. 자기 집을 열고 들어가려면 번호 키의 숫자를 기억해야 하고, 차를 몰고 나가려면 주차 위치를 기억해야 한다. 소설을 읽을 때 앞의 내용을 기억하지 못한다면 전체 줄거리를 이해할 수 없듯이, 어제 한 일을 기억할 수 없다면 자기 삶의 연속성을 파악할 수 없을 뿐만 아니라 자기 정체성에 대해서도 혼란을 겪게 된다.

    '기억'은 어떤 일이나 지식 등을 머릿속에 넣어 보존하거나 되살려 생각하는 것을 가리킨다. 이는 컴퓨터에 정보를 입력하고 출력하는 것과 비슷하다. 입력은 충실하게, 출력은 원활하게 이루어져야 기억 능력이 온전하다고 할 수 있다. 기억은 컴퓨터의 메모리와 달리 시간이 지남에 따라 희미해지기도 하고 변형(또는 왜곡)되기도 하며 잊히기도 한다.

    '추억' 역시 어떤 일을 되살려 생각하는 것이라는 점

에서 기억과 비슷하다. 하지만 기억이 어떤 일을 머릿속에 넣어 보존하는 것을 가리킬 수 있는 반면, 추억은 그럴 수 없다.

⑦　옛일을 기억하다/추억하다.

⑭　지금 내가 한 말 꼭 기억해/추억해 두세요.

기억은 과거나 현재의 일을 모두 보존하거나 되살릴 수 있으나(⑦와 ⑭의 경우), 추억은 오직 과거의 일을 되살릴 수만 있다(⑦의 경우). 기억이 입력과 출력이 다 가능한 데 반해, 추억은 이미 입력된 것의 출력만 가능하다. 여기에 더해 기억이 단순히 과거의 어떤 사실을 떠올리는 것이라면, 추억은 과거의 사건을 감성적으로 반추하는 것이다.

⑭　그는 추억에/기억에 잠겨 한동안 말이 없었다.

⑭　아름다운 기억/추억, 소중한 기억/추억, 전쟁의 참혹한 기억/추억

추억에 잠긴다는 것은 과거의 사건을 거리를 두고 바라보는 일이고 그때의 감성에 촉촉이 젖는 일이다(⑭의 경

우). 흔히 추억은 그리움의 정서를 동반한다. 추억에는 그 시절로 돌아가 그때 그 기분을 다시 느껴 보고 싶은 마음이 깃들어 있다. '추억 여행', '추억의 그 장소'와 달리 '기억 여행', '기억의 그 장소'가 부자연스러운 것은 기억에는 그런 감성이 묻어나지 않기 때문이다. 그렇지만 기억이 정서적 표현을 나타내는 말과 어울리면 추억과 구별하기 어려워진다(ⓔ의 경우). '아름다운/소중한 기억을 간직하다'는 '아름다운/소중한 추억을 간직하다'와 의미가 거의 같다. 다만 '참혹한 기억'이나 '끔찍한 기억'과 같이 기억은 부정적 의미가 강한 표현과도 잘 어울릴 수 있는 반면, 추억은 그런 표현과 어울리기 어렵다. 추억은 바탕에 그리움의 정서가 깔려 있는데, 참혹하고 끔찍한 일은 그리움의 대상이 될 수 없기 때문이다. 그렇지만 '슬픈 추억', '아픈 추억'처럼 '추억'이 얼핏 부정적으로 보이는 표현과 어울릴 때가 있다. '슬픈 추억'과 '아픈 추억'이 가능한 것은 그 슬픔과 아픔이 그리움의 대상일 수 있다는 데 있다. 십수 년 전 연인과 헤어졌던 일이 문득문득 아련한 그리움으로 다가올 때, 그 일은 '슬픈 추억'이거나 '아픈 추억'일 수 있다. 하지만 그 경우의 슬픔이나 아픔은 비극적 불행이 야기하는 슬픔이나 아픔과는 성격이 다르다. 만일 가족을 사고로 잃었다면, 그

일을 상기하면서 '슬픈 추억'이나 '아픈 추억'이라고 하지
는 않을 것이다.

　　한편 기억과 추억은 어휘 결합과 연어 형성의 차이를
보인다.

　　㉳　기억력/추억력, 기억술/추억술, 기억 상실증/추억 상
　　　　실증, 잠재 기억/잠재 추억
　　㉴　기억이/추억이 나다, 기억이/추억이 가물가물하다
　　㉵　추억이/기억이 깃든 곳, 추억에/기억에 젖다

　　기억은 다른 말과 결합하여 복합어나 용어를 풍부하
게 생산해 내지만 추억은 그런 생산성이 빈약하다(㉳의 경
우). 또 기억은 나거나 가물가물할 수 있지만 추억은 그럴
수 없으며(㉴의 경우), 추억은 깃들 수 있지만 기억은 깃들 수
없고, 추억에 젖을 수는 있지만 기억에 젖을 수는 없다(㉵의
경우).

너와 당신과 그대

우리말에는 영어의 'you'와 같이 상대를 가리지 않고 보편적으로 쓸 수 있는 2인칭 대명사가 없다. 영어의 경우에 윗사람이 아랫사람을 지칭하거나 거꾸로 아랫사람이 윗사람을 지칭할 때 'you'라는 2인칭 대명사를 두루 사용할 수 있지만, 우리말의 경우에는 누구에게나 쓸 수 있는 2인칭 대명사가 존재하지 않는다. '너, 자네, 당신, 댁, 그대, 귀하' 등 우리말 2인칭 대명사 가운데 그 어느 것도 상하 구별 없이 두루 쓸 수 없다.

'너'는 2인칭 대명사 가운데 가장 사용 빈도가 높은 말이지만, 손아랫사람이나 친구 사이에만 쓸 수 있다. 성년의 경우에는 아랫사람이나 동년배라 하더라도 친밀한 관계나 말을 놓는 관계가 아니면 '너'를 사용하기 어렵다. 또한 '너'는 문장의 종결 어미가 해라체(아주낮춤)이거나 해체(두루낮춤)인 경우에 쓰인다. "너는 거기 가지 마라."나 "네가 세상에서 제일 예뻐."와 같이 쓰인다. '너'가 해요체에 쓰이면 "너나 잘하세요."와 같은 꼴이 되므로 비문이 될 수밖에 없다(물론 의도적인 유머로서는 가능하겠지만).

'당신'은 의미의 스펙트럼이 넓어 어떨 때는 높이는 말 같기도 하고 또 어떨 때는 낮추는 말 같기도 하다. '당신'의 속내를 다양한 용례를 통해 살펴보기로 하자.

㉮ 여보, 난 당신을 믿어요.

㉯ 당신이 뭔데 남의 일에 참견이야?

㉰ 먼 훗날 당신이 찾으시면/그때에 내 말이 "잊었노라"
(김소월, 「먼 후일」, 1925)

㉱ 어머니/당신은 그 먼 나라를 알으십니까?(신석정, 「그 먼 나라를 알으십니까」, 1932)

㉲ 주여, 당신을 경배하고 찬송하나이다.

㉳ 삶의 주인공은 바로 당신 자신이다.

'당신'은 대등한 관계의 상대를 대접하여 이를 때 쓸 수 있다. 주로 부부 사이에 서로 상대를 대접하여 가리키는 경우에 쓴다(㉮의 경우). 사실 현대 국어의 입말에서 부부 이외의 관계에서는 잘 쓰지 않는다. 부부 간이 아닌 사람이 입말에서 쓰는 것은 주로 우호적이지 않은 상황에서다(㉯의 경우). 이때의 당신은 얕잡는 어감이 강하다. 이를 상대방은 공격으로 받아들여 "누구한테 당신이래?" 하고 반발할 수도 있다.◆ 상하 관계에서 권력을 쥔 자가 아랫사람을 당신이라고 지칭하는 경우도 있는데, 이때에는 위압적인 어감을 가지기도 한다. 가령 공사장에서 현장 감독이 하급 노동자에게 "이봐, 당신! 일 좀 빨리빨리 해."라고 할 때에는 우월적 지위로 상대를 억누르는 느낌이 있다.

오늘날 당신은 입말보다 글말에서 더 많이 쓰인다. 시구나 대중가요의 노랫말 속 당신은 주로 연인을 가리킨다 (㉲의 경우). 연인끼리 편지글에서 상대를 가리켜 당신이라 정답게 이르기도 한다. 현대 국어에서 당신은 윗사람을 가리키지 못하지만 시에서는 가능하다. 입말에서는 물론이고 일반적인 글에서도 어머니를 당신이라고 부를 수 없지만 시에서는 높이는 뜻으로 쓸 수 있다(㉳의 경우). 기도문에서 경외의 대상인 절대자를 높이는 뜻으로 당신이라 부르기도 한다(㉴의 경우). 또한 불특정 다수를 상대로 하는 경우에도 당신을 쓸 수 있다(㉵의 경우). 책에서 독자를 상대로 말하거나 광고에서 소비자를 상대로 말할 때("침대, 당신의 인생과 함께합니다"), 대중 캠페인에서("당신의 소중한 한 표가 세상을 바꿉니다") 당신은 특정인이 아닌 불특정 다수를 가리킨다.

◆ 일반적으로 친분이나 안면이 없는 상대에게 '당신'이라고 부르면, 청자는 비하나 하대로 받아들일 가능성이 크다.

한편 '그대'는 셋 중 가장 사용 빈도도 낮고 사용 조건도 제약적이다. 현대 국어에서 입말로 사용되는 일은 거의 없다. 시나 편지글 같은 글말에 더러 쓰이는데, 흔히 사랑하는 임이나 정다운 대상을 가리킨다.

ⓐ 떨어져 나가 앉은 산 위에서/나는 그대의 이름을 부르노라.(김소월,「초혼」)

ⓑ 내 마음은 호수요/그대 노 저어 오오(김동명,「내 마음」, 1936)

앞의 예에서 보듯, 그대는 사랑하는 사람을 가리킨다는 점에서 당신과 다르지 않으나 '당신'에 비해 고풍스럽고 기품 있는 어감을 띤다. 그대는 지난날 대화나 글에서 임뿐만 아니라 아랫사람이나 벗을 두루 이르던 말이었으나, 오늘날에는 역사 소설이나 사극 등에서나 그 자취를 볼 수 있다.

ⓒ "지금 일이 급하오. 그대가 아니고야 뉘 있어 좋은 계교를 내어서 군사의 마음을 격려하겠소."(이광수,『원효대사』, 1942)

앞의 화문은 신라군이 백제군을 당해 내지 못하자 김유신이 그 국면을 타개하기 위해 비녕자를 불러 당부하는 말이다. 김유신은 아랫사람인 비녕자를 '그대'로 지칭하고 있다. 이때 그대는 상대를 정중하게 대우하는 어감을 가진다.

참고로 덧붙이자면, '자네'는 나이가 지긋한 사람이 아랫사람이나 동년배를 대접하여 이를 때(장인·장모가 사위에게, 스승이 제자에게 등등), '댁'은 잘 모르는 사람, 특히 나이가 비슷하거나 아래로 보이는 사람을 완곡하게 이를 때("댁은 누구요?"), '귀하'는 주로 공적인 편지나 글에서 상대를 높여 이를 때("귀하의 합격을 축하합니다.") 쓰는 2인칭 대명사이다.

논쟁과 설전과 언쟁

사람과 사람이 어울리는 곳에 늘 사랑과 평화만 있을 수는 없다. 필연적으로 갈등과 마찰이 따르기 마련이다. 사람마다 생각과 입장이 다르기 때문이다. 이때 서로의 생각을 조화롭게 절충하는 길을 택할 수도, 자기주장을 굽히지 않고 밀고 나가는 길을 택할 수도 있다. 전자는 타협이나 협상이 될 터이고, 후자는 논쟁이나 설전이 될 터이다.

'논쟁'이란 어떤 문제에 대하여 논리를 무기로 하여 말이나 글로 싸우는 행위를 가리키고, '설전'이란 어떤 문제에 대하여 자기주장이 옳다고 내세우며 말로 싸우는 행위를 가리킨다. 둘의 공통점은 말로 싸우는 것을 가리킨다는 점이고, 차이점은 글로도 싸울 수 있는 논쟁과 달리 설전은 말로만 싸울 수 있다는 점이다. 논쟁다운 논쟁은 말보다는 글에서 이루어진다고 할 수 있는데, 글로 논리를 더 정교하게 펼 수 있기 때문이다.

㉮ 여야 의원이 법안 개정을 놓고 논쟁을/설전을 벌

였다.

㉯ 1960년대에 순수 문학론과 참여 문학론 사이에 치열
한 논쟁이/설전이 전개되었다.

　　어떤 문제에 대해 서로 생각이 다를 때 말로 논쟁을 벌
일 수도 있고 설전을 벌일 수도 있다(㉯의 경우). 논쟁이 중립
적인 어감인 데 비해 설전은 부정적인 어감이 강하다. '여
야 의원의 논쟁'이라는 표현에는 가치 판단이 배제되어 있
지만, '여야 의원의 설전'에는 부정적 평가가 바탕에 깔려
있다. 논쟁은 '수준 높은 논쟁', '소모적인 논쟁'과 같이 긍
정적·부정적 문맥에서 모두 사용할 수 있지만, 설전은 '소
모적인 설전'과 같은 부정적 문맥에서만 사용할 수 있다.
'수준 높은 설전'은 '네모난 동그라미' 만큼이나 형용 모순
에 가깝다.

　　논쟁과 설전 모두 싸움에서 이기는 것이 목표이지만,
논쟁에서는 논리적 전개와 논증이 중요한 가치로 작용하
고, 설전에서는 상대를 굴복시키는 것이 최우선의 덕목으
로 간주된다. 논쟁은 말보다는 글, 특히 비평과 같은 이론
적 글에서 빛을 발한다. 일찍이 우리 문학사에서 순수론과
참여론이 날카롭게 부딪친 적이 있었는데, 많은 문학 이론

가들이 뛰어들었던 이 기나긴 싸움은 논쟁의 치열함과 정치함을 생생하게 보여 주었다(㉰의 경우).

논쟁과 설전은 결합 관계에서 차이를 나타내기도 한다. 논쟁은 쟁점이나 성격을 나타내는 말과 어울려 '개헌 논쟁, 금리 논쟁, 법리 논쟁, 복지 논쟁, 찬반 논쟁' 등의 구를 만들어 내지만, 설전은 그러한 구성을 이루기 어렵다. 이는 논쟁의 경우 쟁점이 무엇인가가 중요한 반면, 설전의 경우 쟁점보다 갈등 상황에 더 주목하기 때문인 듯하다 ('논쟁거리'라는 말은 있지만 '설전거리'라는 말이 없는 것도 그와 무관하지 않을 듯하다).

한편 '언쟁'은 상대와 서로 옳으니 그르니 잘했느니 못했느니 하면서 다투는 것을 가리킨다.

㉰ 그는 그의 늦은 귀가 때문에 아내와 자주 언쟁을/설전을/논쟁을 벌인다.

㉱ 사형 제도의 존폐를 두고 패널들 사이에 논쟁이/설전이/언쟁이 뜨겁다.

부부가 육아나 귀가 등 일상의 문제로 인해 서로 대립하여 비난하면서 다투는 것을 언쟁이라고 말할 수 있지만 설전이나 논쟁이라고 말하기는 어렵다(㉮의 경우). 언쟁은 자신의 정당성을 주장하는 과정에서 감정에 치우쳐 상대를 비난하는 경향이 강하다. 사형 제도의 존폐나 안락사의 허용과 같은 이슈처럼 논리를 치밀하고 설득력 있게 제시해야 하는 경우는 언쟁이라 부르기 어렵다(㉯의 경우). 이 경우 논쟁이 가장 적절한 말이라 할 수 있지만, 설전도 사용이 불가능하지는 않다. 다만 설전은 강한 공격성 때문에 가시 돋친 말만 난무할 가능성이 크므로 생산적 결과를 기대하기는 어렵다.

도덕과 윤리

일상 언어에서 대개 '도덕'과 '윤리'는 구별 없이 사용된다. 둘 다 인간으로서 마땅히 지켜야 할 규범이라는 점에서는 별다른 차이가 없다. 실제로 '도덕이 무너지다/윤리가 무너지다', '도덕을 지키다/윤리를 지키다', '도덕을 실천하다/윤리를 실천하다'와 같이 두 단어는 서로 넘나들며 쓰이고 있다.

그런데 어떤 문맥에서는 쓰임의 차이를 보인다.

㉮　공직자의 도덕성을/윤리성을 철저히 검증하다.
㉯　건전한 직업 윤리를/직업 도덕을 확립하다.

한 개인의 '도덕'을 검증한다고는 할 수 있지만 그의 '윤리'를 검증한다고는 하지 않으며, '직업 윤리'를 확립한다고는 할 수 있지만 '직업 도덕'을 확립한다고는 하지 않는다. 또한 '공중도덕, 교통도덕, 도덕군자'는 널리 쓰이지만 '공중 윤리, 교통 윤리, 윤리 군자'는 잘 쓰이지 않으며,

'직업 윤리, 광고 윤리, 윤리 강령'은 익숙하지만 '직업 도덕, 광고 도덕, 도덕 강령'은 낯설다. 이러한 차이는 어디서 오는가?

'도덕'은 개인에게 초점이 있다. 개인의 가치관이나 양심에 토대를 둔 규범이 도덕이다. 물건을 훔치지 말아야 한다거나 정직해야 한다거나 예절을 지켜야 한다거나 하는 도덕관념이나 태도는 가정과 학교, 문화와 습속에서 싹트며 개인의 마음속에 내면화한다. 내면화한 도덕관념은 어떤 행동을 하거나 무엇을 판단할 때 즉각적·자동적으로 작동한다.

'윤리'는 사회나 집단에 초점이 있다. 사회적·집단적 행위에 대한 규범이나 준칙이 윤리이다. '기업 윤리, 방송 윤리, 윤리 강령' 등에서 보듯 윤리는 어떤 사회 영역이나 직업 등에서 요구되는 보편적 규범이라 할 수 있다. 윤리도 도덕처럼 내면화할 수는 있으나 내면화의 정도는 훨씬 약하고 느슨하다. 하지만 위반했을 때 받는 처벌은 '도덕'보다 '윤리'가 더 엄격하다.(물론 가장 엄격한 것은 '법'이다.)

도덕과 윤리는 때로 충돌한다. 도덕적 행위와 윤리적 행위는 종종 서로 불화를 빚는다. 가령 군인은 전쟁터에서 도덕과 윤리 사이에서 갈등을 겪을 수 있다. 적의 심장에

총탄을 맞히는 일은 군인으로서의 윤리적 의무이지만 사람을 죽여서는 안 된다는 것은 그의 내면에 강력하게 자리 잡은 도덕관념이므로, 이 둘이 부딪칠 수 있다.

윤리는 도덕의 이론적 근거에 대한 물음과 탐구를 뜻하기도 한다. 어떤 행동이 왜 도덕적으로 선인지, 무엇이 공정성인지, 바른 행동은 무엇인지 등에 대해 궁구하는 일이 윤리이다. 예컨대 '생명 윤리'는 생명 과학 기술 발달에 따른 다양한 사회적 문제, 예컨대 장기 이식, 연명 치료, 인공 수정 등을 어떻게 바라볼 것인지, 또 그것이 야기하는 위험은 무엇인지에 대한 근본적 물음을 던진다.

도덕이든 윤리든 그 규범이 시간과 공간을 초월하여 늘 보편타당성을 띠는 것은 아니다. 낡은 도덕도 있을 수 있고, 사람들에게 억압으로 작용하는 윤리도 있을 수 있다. 가령 '여필종부'女必從夫라는 관념은 한 시대 전만 해도 보편적 도덕이자 윤리였지만, 남성 지배 세력의 이익을 대변하는 것으로 여성에게는 벗어나기 어려운 억압이자 질곡이었다.

한편 도덕과 윤리는 전통 한자어이나(본래 '도덕'은 도道와 덕德, 곧 만물의 근원이자 원리인 도와 만물이 도를 얻을 것으로서의 덕을 뜻하고, 윤리는 인륜과 도리를 뜻했다), 근대에 들어 서양 말의 영향을 받으면서 의미 변화를 겪었다. 도덕의 영어 대응어는 'moral' 또는 'morality'이고, 윤리의 영어 대응어는 'ethics'이다. 'moral'은 개인의 기질, 예절 등을 뜻하는 라틴어 'mos'에서 왔고, 'ethics'는 습관·풍습 등을 뜻하는 그리스어 'ethos'에서 왔다.

　　서양 철학사에서 칸트와 니체의 도덕론은 서로 대립된 양상을 보인다. 칸트의 도덕은 이성에 토대를 둔 보편적 법칙이므로 정언명령定言命令에 따라 반드시 지켜야 하지만, 니체는 이런 유의 절대 도덕을 부정하였다 그는 『도덕의 계보』에서 크리스트교의 도덕을 비판하면서 그 도덕은 증오심에서 나온 위선 도덕僞善道德이며 강자를 약자에게 종속시키는 '노예 도덕'이라고 규정했다. 그에 반해 '주인 도덕'은 도덕적 가치를 스스로 설정하고 자기 삶을 긍정하는 강자强者의 도덕이라고 주장하였다.

도시와 도회지와 대처

일찍이 누군가 말했다. "신은 자연을 만들고 인간은 도시를 만들었다."라고. 도시의 탄생은 인류의 역사만큼 오래다. 고대 문명이 발원하던 까마득한 시절에 인간은 도시를 만들었다. 학자들은 기원전 3000여 년경 메소포타미아 지역에 원시적 형태의 도시가 처음 출현했다고 보고 있다. 사람들은 강을 낀 비옥한 땅에 정착하여 경이로운 농업 혁명을 일으켰고 문명의 중심지로서의 도시 공간을 창조해 냈다.

오늘날 '도시'는 고대의 그것과 비교할 수 없을 만큼 거대하고 복잡하다. 정치·경제·문화의 중심이 되는 곳이라는 본질적 속성은 다르지 않지만, 공간적으로 광역화하고 기능적으로 첨단화·다원화했다. 근대 산업 혁명 이후 도시는 2차 산업과 3차 산업의 중심지로 변모하였고 그에 따라 엄청난 인구 팽창을 겪고 있다. 우리나라의 경우 국민의 80퍼센트가 대도시에 살고 있을 만큼 인구의 도시 집중이 극심하다.

도시는 야누스의 얼굴을 지니고 있다. 고층 빌딩의 번쩍거리는 위용 뒤에는 어둡고 쓸쓸한 뒷골목이 자리하고 있다. 도시는 교통이 편리하고 병원과 학교와 각종 문화 시설이 많으며 직업 선택의 기회가 많은 반면, 주택이 비싸고 교통이 혼잡하며 범죄·실업·환경 문제 등을 안고 있다.

'도회지'의 외연적 의미는 도시의 그것과 고스란히 겹친다. 위에 든 도시의 속성은 그대로 도회지의 것이기도 하다. 둘의 차이는 단어를 사용하는 주체에 있다. 도회지는 도시에 살지 않는 사람이 도시를 이를 때 주로 쓰는 말이다. 도시 사람이 자기가 사는 지역을 도회지라 부르지는 않는다. 시골 사람에게 도회지는 이질적인 타자의 공간이다.

㉮ 그래도 아버지들은 한 달 월급이 몇 푼 되지 않는다. 그래서 아버지들은 공부 열심히 하여 이 탄광촌에서 살지 말고 도회지에 나가서 잘살라고 하신다.(이오덕, 『이사 가던 날』, 1984)

㉯ 도회지 남녀들이 해마다 쌍쌍으로 몰려와서 먹고 마시고 놀면서 소위 말하는 그 개판을 치니까 순진한 시골 아이들이 거기에 홀딱 빠지게 된 겁니다.(윤흥길, 『묵시의 바다』, 1978)

위 예에서 보듯 '도회지'는 탄광촌에 사는 아버지의 시각에서 도시를 이르는 말이고, '도회지 남녀'란 시골 사람이 도시에서 온 남녀를 타자화하여 이르는 말이다. 촌락민에게 도회지는 때론 선망의 대상이고 때론 적의의 대상이다.

ⓐ 그 옛날 그 시절, 고향의 순진한 젊은이들도 소위 대처로 모두 빠져나가고 없다.(임덕순, 『읽고 떠나는 국토순례』, 1995)

ⓑ 소학교를 갓 졸업한 어린 소년의 어깨엔 대처에 나가 어떡하든 성공해야 된다는 가뜩이나 벅찬 짐이 그만큼 더 무거워진 셈이었다.(박완서, 『엄마의 말뚝』, 1979)

'대처' 역시 발화자는 시골 사람이다. 도시와 의미가 같다는 점도 도회지와 다를 바 없다. 차이가 있다면 '꿈의 공간', '기회의 땅'이라는 긍정적 의미로 주로 쓰인다는 점이다. 대처는 "사람은 모름지기 큰물에서 놀아야 한다."라고 할 때의 '큰물'에 가깝다.

한편 도시는 도회지나 대처와 달리 풍부한 구나 복합

어를 만들어 낸다. '공업 도시, 관광 도시, 교육 도시, 무역 도시, 상업 도시, 위성 도시, 항구 도시, 대도시, 소도시, 신 도시' 등에서 보듯 도시는 명사나 접사와 폭넓게 결합하지 만 도회지나 대처는 그 같은 결합력이 거의 없다.

동감과 공감

분명 서로 다른 말인데도 사전의 뜻풀이로는 얼른 구별이 안 되는 경우가 있다. '동감'과 '공감'의 경우가 그렇다. 두 단어를 두고 『표준국어대사전』은 다음과 같이 뜻풀이했다.

- 동감: 어떤 견해나 의견에 같은 생각을 가짐. 또는 그 생각.
- 공감: 남의 감정, 의견, 주장 따위에 대하여 자기도 그렇다고 느낌. 또는 그렇게 느끼는 기분.

'어떤 의견에 같은 생각을 가지는 것'과 '어떤 의견에 자기도 그렇다고 느끼는 것' 사이에 결정적인 차이가 무엇인지 꼬집어 말하기 어렵다. 아닌 게 아니라 '친구의 말에 동감을 하다'와 '친구의 말에 공감을 하다'의 의미를 구별하기 어렵다. '친구의 말에 같은 생각을 가지다'와 '친구의 말에 자기도 그렇다고 느끼다'로 바꾸어 보아도 구별이 잘

안 되기는 마찬가지다. 그렇다면 '동감'과 '공감'은 언제든 맞바꾸어 쓸 수 있는가? 유감스럽게도 둘은 서로 바꾸어 쓸 수 있는 경우보다 그럴 수 없는 경우가 훨씬 많다.

㉮　그의 말에 동감을/공감을 표하다(표시하다).
㉯　그의 말에 전적으로 동감이다/공감이다.
㉰　그의 말에 공감을/동감을 느꼈다.
㉱　그의 말에 공감이/동감이 간다.
㉲　그의 말은 폭넓은 공감을/동감을 얻었다.
㉳　그의 말은 많은 공감을/동감을 불러일으켰다.

위의 예에서 보듯, 동감은 '이다'와 결합할 수 있지만 공감은 그럴 수 없다. 공감은 '느끼다', '가다', '얻다', '불러일으키다'와 호응할 수 있으나 동감은 그럴 수 없다. 기껏해야 두 단어는 '표하다', '표시하다' 등과 공통으로 결합할 수 있을 뿐이다. 의미의 유사성에도 불구하고 왜 이런 차이가 나타나는가? 의미의 깊이가 다르기 때문이다. 동감의 의미가 단선적이라면, 공감의 의미는 복합적이다. 동감은 단순히 상대와 의견이 일치하는 것을 가리키고, 공감은 의견 일치에 그치지 않고 상대를 깊이 이해하고 상대와 같은 마음이 되는 상태를 가리킨다.

ⓇⓇ 사람들은 작가의 치열한 저항 의식에 깊이 공감했다/
동감했다.

Ⓢ 나는 대화를 나누면서 그가 받은 마음의 고통을 십분
공감했다/동감했다.

위 예에서 보듯, 공감은 상대의 마음에 대한 깊은 이해를 필요로 한다. 작가의 저항 의식에 대한 공감은 작가의 세계관을 나의 세계관으로 받아들이는 일이고, 마음의 고통에 대한 공감은 상대의 고통을 나의 고통으로 느끼는 일이다. 공감은 감정 이입을 통해 타자를 자기 안으로 받아들이는 행위다. 남의 마음을 읽어 내는 일이라는 점에서 일종의 능력이기도 하다. '공감 능력이 뛰어나다'라는 말은 가능하지만, '동감 능력이 뛰어나다'라는 말은 불가능하다.

동감이 가장 전형적으로 사용되는 것은 다음과 같이 상대 의견에 가볍게 동조할 때다.

Ⓣ A: 누구를 막론하고 죄를 지었으면 벌을 받아야 합니다.

B: 동감입니다.

    B의 '동감입니다'는 '옳습니다', '나도 그렇게 생각합니다'라는 뜻으로, A의 의견을 지지함을 나타내는 말이다. 이는 단순한 맞장구일 뿐 내면 깊은 곳의 동의나 승복이 아니다.

등산과 등반과 산행

'등산'의 핵심적 의미는 '산을 오르는 일'이다. 오를 '등'登, 메 '산'山이라는 자구가 그것을 깔축없이 말해 준다. 그러나 산에 오르는 일이 모두 등산인 것은 아니다. 그 행위가 등산이 되기 위해서는 일정한 조건을 충족해야 한다. 곧 산의 경관을 즐기거나 마음의 휴식을 얻거나 신체를 단련하거나 모험 정신을 가지고 한계에 도전하거나 해야 한다. 산을 오르는 일이 전혀 다른 일의 수단이 되는 행위, 예컨대 약초를 캐기 위해 산을 오르거나 성묘를 하기 위해 산을 오르는 행위를 가리켜 등산이라고 하지는 않는다.

등산은 좁은 뜻과 넓은 뜻으로 나누어 정의할 수도 있다. 전자는 경치를 즐기거나 건강을 도모하려고 산을 오르는 것을 가리키고, 후자는 그것을 포함하여 험준한 고산을 위험을 무릅쓰고 오르는 것을 가리킨다. 특히 높은 산을 오르는 고난도의 등산은 '등반'이라 일컫는다. 여기에는 기본적으로 강인한 체력과 숙달된 기술, 전문적인 장비가 필요하다.

㉮ 나는 일요일마다 동네 뒷산에서 가볍게 등산을/등반을 한다.

㉯ 우리는 겨울에 한라산으로 등산을/등반을 떠날 예정이다.

㉮와 같이 높지 않은 산을 가볍게 오르는 것은 '등산'일 뿐이지만, ㉯와 같이 높은 산을 힘들게 오르는 것은 '등산'이기도 하고 '등반'이기도 하다. 다만 등반은 등산에 비해 높은 전문성과 확고한 목표 의식을 요구한다. 또한 등반은 '암벽이나 빙벽 등을 장비를 가지고 기어오르는 일'을 가리키기도 한다.

㉰ 에드먼드 힐러리는 세계 최초로 에베레스트산 등반에/등산에 성공했다.

㉱ 그는 매일같이 인수봉에서 암벽 등반을/암벽 등산을 연습했다.

㉰에서 보듯, 등반은 정상 도달이 중요한 목표이므로 목표 달성 여부에 따라 '성공이냐 실패냐'가 갈릴 수 있으

나, 등산은 정상 도달이 반드시 전제되는 것은 아니므로 성공 여부를 따지는 게 무의미하다. ㉱의 경우, 정상에 오르는 것을 좀 더 명시적으로 표현하기 위해 등반 대신 '등정'登頂을 사용하기도 한다('등정'은 오를 '등' 꼭대기 '정'이라는 자구 그대로 '산 정상에 오르는 것'이다). 하지만 등반과 등정이 완전 동의어는 아니다. 가령 "폭설 때문에 한라산 등반이 금지되었다."라는 문장에서 등반을 등정으로 바꿀 수 없다. 등반은 정상 도달이라는 목표 외에도 산에 오르는 모든 과정이 의미를 갖지만, 등정은 오직 정상 도달만이 의미를 가지는 행위이기 때문이다.

㉱에서 보듯 '암벽 등반'이나 '빙벽 등반'은 수직에 가까운 급경사의 바위나 빙벽을 하켄(쇠못), 피켈(얼음도끼), 자일(밧줄) 등의 장비를 사용하여 오르는 것을 가리키는데, 주로 발을 사용하는 가벼운 등산과 달리 발과 손을 모두 사용한다.

한편 '산행'은 '산에 가는 일'이라는 뜻으로, 등산과 의미가 비슷하지만 등산보다 좀 더 외연이 넓다. 가령 약초꾼이 약초를 캐기 위해 산에 가는 것을 등산이라고 말하는 것은 부자연스럽지만 산행이라 말하는 것은 무리가 없다. 또한 산길을 가는 행위의 구체성이 두드러진 문맥에서는 등산보다는 산행이 더 자연스럽다. "고산을 등반할 때에는 여유를 가지고 느린 걸음으로 산행하는 것이 필요하다."나 "산행 내내 날벌레가 따라다니며 우리를 괴롭혔다."에서 산행을 등산으로 바꾸면 자연스러움이 덜하다.

산행은 중세 국어에서 '사냥'을 뜻하던 말로(『용비어천가』의 '洛水예 山行 가이셔'에서 '山行'은 '사냥'을 뜻한다), 현대어 '사냥'의 기원이 된 말이기도 하다(산양 < 산영 < 산힝). '산행'이 '등산'과 비슷한 뜻으로 바뀐 것은 20세기 들어서인 것으로 보인다.

흔히 등산이나 산행과 비슷한 뜻으로 '트레킹'이라는 용어를 쓰는데 이는 산악 지대나 오지를 장시간(며칠, 몇 주가 될 수도 있다) 걷는 도보 여행을 가리킨다. 그런가 하면 일상을 벗어나 자연 풍경 등을 즐기기 위해 걷는 일을 '하이킹'이라고 하는데, 이는 산을 오르는 것을 포함하기도 하지만 주된 과정이 장거리 걷기라는 점에서 '등산'과 구별되며, 장거리 걷기라는 점에서 같으나 몇 주의 장시간 활동을 가리키지는 않는다는 점에서 '트레킹'과 구별된다.

마술과 마법과 요술

일찍이 마법사나 마술사는 인간의 지적 능력으로는 이해할 수 없는 신비하고 기이한 일을 일으키는 존재로 여겨져 왔다. 그들의 초자연적인 능력은 비밀리에 전승되었는데, 중세 유럽에서는 위험하고 불온한 술법으로 취급되어 탄압과 배척의 대상이 되기도 했다. 중세 교회가 이른바 '마녀 사냥'에 광적으로 골몰한 것은 기독교 이외의 어떤 종교적 믿음도 인정하지 않으려는 안간힘이기도 했지만 중세 사회의 내부 모순을 마녀라는 희생양을 통해 은폐하려는 술책이기도 했다.

'마술'과 '마법'은 본래 초자연적인 힘이나 능력으로 기이한 일을 일어나게 하는 술법을 가리킨다는 점에서 그 뜻이 같다. '마술을 부리다'와 '마법을 부리다', '마술에 걸리다'와 '마법에 걸리다'는 모두 자연스럽게 쓰이는 말로, 둘 사이에 아무런 의미 차이가 없다. 사실 두 단어는 모두 영어 'magic'의 일제日製 번역어 '魔術' '魔法'에서 온 말이다. 영어사전에 따르면 'magic'이란 초자연적인 힘을 가지고 불가능한 일을 일어나게 하는 일을 가리킨다.

　마술과 마법의 의미가 구별되어 쓰인 것은 초자연적 힘에 대한 사람들의 믿음이 상실되어 가면서부터이다. 근대 과학이 초자연적이고 불가사의한 현상을 의심의 눈길로 바라보게 되면서 마술은 현란한 눈속임의 공연 예술로 축소되었고, 마법은 환상적인 상상 문학(동화, 판타지 소설 따위)에서나 가능한 허구의 술법이 되었다.

㉮　마술사는 손에 든 카드가 순식간에 돈으로 바뀌는 마술을/마법을 보여 주었다.

㉯　왕자는 마법에/마술에 걸린 공주를 구하기 위해 마녀와 싸워야 했다.

　오늘날 마술은 여러 가지 도구나 장치를 사용하는 고난도의 속임수일 뿐, 실제로 일어나는 일이 아니다. 마술사의 손에 있던 카드가 눈앞에서 돈으로 바뀌는 일은 초자연적 마법이 아니라 손 기술에 의한 눈속임일 뿐이다(㉮의 경우). 동화 속 왕자가 구하려 했던 공주는 왜 깨어날 수 없는 잠에 빠져 있었는가? 그것은 마녀의 저주로 인해 마술이 아닌 마법에 걸려 있었기 때문이다(㉯의 경우). 이처럼 마술과 마법은 서로 다른 의미로 구별되어 쓰이고 있다. 마술사로 널리 알려진 데이비드 코퍼필드나 이은결 같은 이를 마법사라고 부르지 않으며, 동화나 판타지 소설에서 마법사를 마술사라고 부르는 경우도 없다.

두 단어는 모두 비유적인 뜻으로 쓰이기도 하는데, 그 용법이 약간 다르다.

ⓓ 그 회사는 마법의/마술의 신약을 개발했다.
ⓔ 나에게 마법처럼/마술처럼 행운이 찾아왔다.
ⓕ 상대의 마음을 사로잡는 설득의 마술/마법.
ⓖ 마술처럼/마법처럼 얼굴의 주름을 사라지게 하는 비법.

마법은 흔히 '마법의 ○○'나 '마법처럼'의 꼴로 쓰여 '마법이나 다름없는 (일)'의 뜻을 나타내며(ⓓ와 ⓔ의 경우), 마술은 주로 '○○의 마술'이나 '마술처럼'의 꼴로 쓰여 '마술과 다름없는 놀라운 일이나 기술'의 뜻을 나타낸다(ⓕ와 ⓖ의 경우).

한편 초자연적인 능력으로 괴이한 일을 일어나게 하는 술법을 가리키는 말로 '요술'을 쓸 수도 있다. '요술'은 동화나 민담 등에서 주로 사용된다는 점에서 마법과 거의 같다. 마법에 비해 사용 빈도는 낮은 편인데, 아동을 대상으로 한 문학과 애니메이션 등에서 주로 쓰인다. 민담 「알라딘과 요술 램프」와 「요술 맷돌」, 애니메이션 「요술 공주 밍키」 등이 그 예다. 그런가 하면 '요괴의 요술에 걸려들다', '요술을 부리는 악마'와 같이 사악한 목적으로 쓰이는 마법을 가리키기도 한다.

참고로 덧붙이자면 우리나라 고소설 『홍길동전』, 『전우치전』 등에서는 마법과 비슷한 의미로 '도술', '환술', '요술'이라는 말이 쓰였다.

만발과 만개

자연의 섭리는 나목의 마른 가지에 꽃과 잎을 되돌려 놓음으로써 봄의 도래를 알린다. 겨우내 잿빛 풍경에 메말랐던 사람들은 새 생명이 뿜어내는 색채의 향연에 경탄하고 환호한다. 매화, 산수유꽃, 목련화, 개나리꽃, 진달래꽃, 벚꽃 등이 다투어 펼치는 매혹의 자태는 단박에 뭇사람의 시선을 빼앗는다.

꽃은 활짝 피었을 때 가장 아름답다. 하지만 그 아름다움은 안타깝게도 오래가지 못한다. 열흘 붉은 꽃이 없다는 말처럼 개화가 절정에 이르는 순간 속절없이 이울어 가는 것이 꽃의 숙명이다.

꽃이 활짝 핀 상태를 '만발'이라고도 하고 '만개'라고도 하는데, 둘은 미묘한 차이가 있다.

㉮　꽃이 만발하다/만개하다.

㉯　공원에 벚꽃이 만발했어요/만개했어요.

㉰　연꽃이 만개한/만발한 모습을 클로즈업하여 찍은

135

꽃은 만발할 수도, 만개할 수도 있다(㉮의 경우). '만발' 은 식물이 군락을 이룬 상태에서 꽃이 흐드러지게 핀 경우 에 쓰이고, '만개'는 식물의 군락 여부와 상관없이 꽃의 절 정 상태를 나타내는 경우에 쓰인다. 곧 만발이 수많은 꽃이 너른 공간을 온통 뒤덮듯 피어 있는 상태인 데 비해, 만개 는 꽃이 개화의 절정에 다다른 상태이다. 가령 벚꽃은 만발 할 수도 만개할 수도 있는데, 이때 만발은 어느 곳이 수많 은 벚꽃으로 뒤덮인 상태를 가리키고, 만개는 벚꽃의 개화 가 최고조에 이른 상태를 가리킨다(㉯의 경우). 그런데 한 송 이의 연꽃에 주목할 경우, 원추형의 꽃봉오리가 점차 벌어 져 마침내 활짝 핀 상태는 만개라고 할 뿐 만발이라고 하지 않는다(㉰의 경우). 이렇듯 만발은 꽃이 넓은 곳에 수량적으 로 많이 피어 있음을 뜻한다는 점에서 공간적 분포에 초점 이 있고, 만개는 개화의 진행이 정점에 도달한 상태를 뜻한 다는 점에서 시간적 추이에 초점이 있다. 만발은 대상을 멀 리 두고 바라볼 때 더 잘 감상할 수 있고, 만개는 대상을 가 까이 두고 살펴볼 때 더 잘 포착할 수 있다.

한편 두 단어는 비유적으로 쓰이기도 하는데, 그 용법

에 차이가 있다.

ⓔ 고대하던 딸이 태어나 집안에 웃음꽃이 만발했다/만개했다.

ⓕ 오리무중인 그의 행방에 대해 온갖 추측이 만발하고/만개하고 있다.

ⓖ 영국에서는 산업 혁명 이후 자본주의가 만개했다/만발했다.

ⓘ 고려 시대에 들어 불교문화가 만개했다/만발했다.

경사로운 일로 가족 간에 웃는 일이 많아지는 것을 두고 '웃음꽃이 만발한다'고 말하고(ⓔ의 경우), 어떤 일에 대해 온갖 추정이나 짐작이 난무하거나 무성한 것을 두고 '추측이 만발한다'고 말한다(ⓕ의 경우). 이처럼 비유적 의미로 쓰일 때, 만발은 어떤 현상이 여기저기서 많이 일어나는 것을 나타낸다. 그와 달리 만개는 어떤 현상이 충분히 성숙하거나 절정에 이르게 되는 것을 나타낸다. 자본주의가 만개했다는 말은 자본주의가 충분히 성숙했다는 말과 같고(ⓖ의 경우), 불교문화가 만개했다는 말은 불교문화가 절정에 이르렀다는 말과 같다(ⓘ의 경우).

모습과 모양

본다는 것은 일차적으로 망막에 맺힌 물체의 상을 감지하는 일이지만, 이차적으로는 그 형상을 해석하고 인식하는 행위다. 우리의 눈은 카메라 렌즈처럼 사물의 형상을 있는 그대로 수용하지 않는다. 사물의 형상은 우리 인식의 틀, 관념, 시각 등에 따라 해석되고 굴절된다. 우리의 눈이 (정확히는 뇌가) 사물을 어떻게 해석하느냐에 따라 사물의 형상은 '모습'이 될 수도 있고 '모양'이 될 수도 있다.

'모습'은 구체적이고 개별적인 형상을 가리킨다. 그 형상은 특정한 맥락이나 상황에 놓일 때가 많다. 그에 반해 '모양'은 추상적이고 유형적인 형상이며 맥락이나 상황과 무관하다.

㉮ 그 친구는 활짝 웃는 모습이 귀엽다.

㉯ 어머니는 아들이 떠나는 모습을 오래도록 바라보았다.

㉰ 내 동생은 나이가 들수록 아버지 모습을 닮아 간다.

㉛　산 위로 둥근 달이 떠오르는 모습

앞에 제시된 '모습'은 모두 어떤 사물의 구체적이고 특유한 형상을 표상한다. 어떤 표정을 짓고 있거나(㉮의 경우), 어떤 동작을 하고 있거나(㉯의 경우), 어떤 인상을 지니고 있거나(㉰의 경우), 어떤 상황에 놓인 대상의 형상(㉛의 경우)을 나타낸다. 표정이나 동작, 인상이 전제되지 않거나 구체적 상황과 상관없는 진공 속의 모습은 상상하기 어렵다. 이는 다음의 '모양'과 극명한 대조를 보인다.

㉱　우리 집에서 내 동생만 얼굴 모양이 역삼각형이다.
㉲　달 모양이 둥글다.

'모양'은 사물을 추상화한 '대강의 형태'라고 할 수 있는데, ㉱와 ㉲의 '모양'은 ㉮~㉛의 '모습'과 달리 개별적 구체성도 없고 특정한 맥락이나 상황도 주어져 있지 않다. 동생의 얼굴 '모양'이나 달 '모양'은 역삼각형이나 원형으로 추상화되어 있다. 모습이 표정·동작·인상이나 특정한 상황을 품고 있는 데 반해, 모양에는 그런 요소가 완전히 배제되어 있는 것이다. 얼굴 '모습'을 통해서는 피부색·주름·

솜털까지도 담을 수 있지만, 얼굴 '모양'을 통해서는 실루엣과 같은 윤곽선만을 나타낼 수 있을 뿐이다. 이렇듯 모습이 구체적·개별적·맥락적이라면, 모양은 추상적·유형적이라 할 수 있다.

한편 모양은 번진 뜻을 여럿 거느리고 있다. "오랜만에 하는 외출이라 한껏 모양을 내고 나갔다."에서는 '보기 좋게 꾸미는 일'을, "집이 허름하지만 모양은 갖추었다."에서는 '최소한의 외양'을, "어쩌다 이 모양 이 꼴이 되었을꼬?"에서는 '사물의 형편이나 됨됨이'를, "아이들 앞에서 망신을 당했으니 모양이 말이 아니다."에서는 '위신이나 체면'을 뜻한다. 이러한 용례와 뜻풀이에서는 '대강의 형태'라는 기본 의미의 흔적을 어렵지 않게 읽을 수 있다.

그런데 "슬슬 꽁무니를 빼는 걸 보니 겁을 먹은 모양이군."에서는 모양의 기본 의미를 읽어 내기가 쉽지 않다. 이때의 모양은 의존 명사로, 명사로서의 의미나 기능이 현저히 약화된 채, 주로 '모양으로', '모양이다'의 꼴로 쓰여 앞말을 추측의 의미로 바꾸는 기능을 한다. 곧 "그 친구가 겁을 먹었군."이 화자의 단정적 견해를 나타낸다면, "그 친구가 겁을 먹은 모양이군."은 화자의 추측성 견해를 나타낸다.

무식과 무지

'무식'無識은 배우지 못해서 아는 것이 없는 상태를 뜻한다. 배우지 못했다는 것은 일반적으로 제도 교육을 받지 못했음을 뜻하지만, 넓게는 글(지난 시대에는 한문)을 깨치지 못했음을 가리키기도 한다. "낫 놓고 기역 자도 모른다."라는 속담은 문맹文盲이 곧 무식의 징표임을 간결하게 보여 준다. 제도 교육을 받지 못했더라도 최소한 글을 깨친 사람은 독서나 독학을 통해 무식을 면할 수 있다. 무식을 면한다는 것은 인문적 지식과 교양을 두루 쌓는 일이다.

'무지'無知는 아는 것이 없음을 뜻한다는 점에서 '무식'과 유사하나, 인문적 지식과 교양의 전반적 결여를 가리키지 않는다는 점에서 '무식'과 구별된다. '무지'는 단지 특정한 분야나 영역에 대해 아는 것이 없는 상태를 의미한다. 물리학 박사라도 음악에 대해 무지할 수 있고 철학자라도 경제에 무지할 수 있다. 그렇지만 아무도 물리학 박사나 철학자에게 무식하다고 말하지는 않는다.

㉮ 유식한 체하다가 무식이/무지가 탄로 나다.

㉯ 전통문화에 대한 무지에서/무식에서 비롯된 편견.

㉮는 무식이 그 시대가 요구하는 일반적 지식과 교양을 결여한 상태임을, ㉯는 무지가 특정 분야에 대한 지식이 결여된 상태임을 대비적으로 보여 준다.

그런데 무지가 무식과 유사한 맥락에 사용될 때가 있다.

㉰ 무지한 백성

㉱ 무식한 백성

㉰와 ㉱는 얼핏 같은 말처럼 보이지만 차이가 있다. '무지한 백성'은 사물의 이치에 어두운(또는 사리 분별 못하는) 어리석은 백성을 가리키는 반면, '무식한 백성'은 배우지 못해 아는 것이 없는 백성을 가리킨다. 배우지 못했다고 해서 반드시 사물의 이치에 어두운 것은 아니며, 많이 배웠다고 해서 반드시 사물의 이치에 밝은 것은 아니라는 점에서 둘은 서로 구별된다.

'무지'는 진리를 알지 못하는 지적 한계를 가리키기도

한다. 일찍이 소크라테스는 무지의 지$_知$, 곧 자신의 무지를 깨닫는 앎을 설파한 바 있는데, 이는 진정한 앎으로 나아가기 위해서는 자신의 지적 한계에 대한 겸허한 인식이 필요함을 역설적으로 말해 준다.

무식과 무지에서 비롯된 형용사 '무식하다'와 '무지하다'는 다음과 같이 번진 뜻으로 쓰이기도 한다.

㉮ 방망이를 무식하게/무지하게 휘둘러 대다.

㉮의 '무식하게'와 '무지하게'는 '마구', '함부로'의 뜻을 가지는데, 배우지 못해 상스럽거나 거칠다는 어감이 바탕에 깔려 있다.

한편 한자어 무지와 별개로 쓰이는, 고유어 '무지하다'도 있다. 보통의 정도를 훨씬 넘어선 상태를 나타내는 말로, "선물 상자가 무지하게 크다."와 같이 쓰인다. 그런데 이와 비슷하게 쓰이는 '무지막지하다'는 한자어로, 아는 것이 없다는 무지의 본래 뜻과 연결되어 있다. 그래서 ㉮의 '무식하게'는 고유어 '무지하게'로 바꿔 쓸 수 없지만, '무지막지하게'로는 바꿔 쓸 수 있다.

문명과 문화

수만 년 전 현생 인류가 지구상에 출현한 이후, 인간 사회는 동물과 구별되는 삶의 양식을 창출해 냈다. 동물은 자연적·본능적 습성에 따라 살아갈 뿐이지만, 인간은 본능을 제어하고 지적 능력을 발휘하여 고차원의 정신적·물질적 삶을 일구어 냈다. 이른바 '문명'과 '문화'가 그것이다.

이 둘은 인간 집단이 누리는 삶의 양태를 가리킨다는 점에서 비슷하지만, 실제의 쓰임에서는 서로 차이를 보인다. '과학 문명, 기계 문명, 공업 문명'의 경우 문명을 문화로 바꾸기 어렵고, '전통 문화, 놀이 문화, 음식 문화'의 경우 문화를 문명으로 대체하기 어렵다. '문명'이 인간 집단이 주로 기술적·물질적 토대 위에서 발전을 이룩한 상태를 이른다면, '문화'는 어떤 사회 집단이 오랜 시간 동안 형성하여 서로 공유하는 가치관과 행동 양식을 가리킨다고 할 수 있다.

이러한 정의를 잘못 해석하여 자칫 문명을 물질적인 것, 문화를 정신적인 것으로 단순화해 버리기 쉽다. 그러나 어떤 문명도 정신적 요소 없이 불가능하고 어떤 문화도 물질적 요소 없이 성립할 수 없다. 문명이든 문화든 물질적 요소와 정신적 요소를 다 포함하고 있다. 다만 문명은 삶 속에서 편리를 추구하는 특성이 더 강하고, 문화는 삶을 다채롭고 풍요롭게 하는 특성이 더 두드러진다는 차이가 있을 뿐이다.

이 둘의 차이를 추상성과 구체성에서 찾는 것도 분별의 한 방법이 될 수 있다. 문화가 구체적 삶 속에서 이루어지는 다양한 개별적 현상, 곧 언어·예술·종교·학문·풍습·제도·의식주 등을 가리키는 말이라면, 문명은 그러한 개별적 현상들을 모두 아우르고 뭉뚱그려 추상적으로 이르는 말이다. "동양과 서양은 문화가 다르다."라고 할 때, 이는 동서양의 구체적 삶의 방식과 모습이 다름을 뜻한다. 풍습과 제도, 의식주가 서로 다를 때 우리는 문화의 차이를 느낀다. 이런 점 때문에 문화는 '독서 문화, 성 문화, 결혼 문화'와 같이 구체적 삶의 방식을 가리키는 말과 함께 쓸 수 있다. 그 반면에 "개화기에 서양 문명이 우리나라에 유입되었다."에서처럼 '서양 문명'은 서양의 지적·물질적·기술적 성과물 전체를 추상적으로 가리킬 뿐 개별 현상을 가리키지 않는다.

또한 '메소포타미아 문명, 황하 문명, 로마 문명'과 '도시 문화, 대학 문화, 기업 문화'에서 보듯, 문명은 거시적·총체적 개념으로 쓰이고, 문화는 미시적·부분적 개념으로 쓰인다. 문명은 묶는 단위가 크고 넓으며, 문화는 그 단위가 작고 촘촘하다.

한편 문명은 야만이나 미개 상태를 벗어난 것을 뜻하는 반면, 문화는 자연 상태를 벗어난 것을 의미한다. '문명국가, 문명사회'에서의 문명은 미개하거나 야만적 상태를 벗어나 과학 기술의 발달과 물질적 풍요를 누리는 상태를 뜻하고, '문화를 창조하다, 문화가 발전하다'에서의 문화는 주어진 자연을 인간의 지적·사회적 목표에 따라 변용하는 것을 뜻한다.

문명은 다른 문명과 서로 비교하여 우열을 논할 수 있으나, 문화는 그런 식으로 우열을 가릴 수 없다. 가령 서양의 과학 문명은 동양의 과학 문명보다 앞섰다거나 고대 문명은 현대 문명보다 뒤떨어졌다고 할 수 있지만, 서양 문화가 동양 문화보다 우월하다거나 고대 문화가 현대 문화보다 낙후되었다고 단정하기 어렵다. 문화는 각자 고유한 것으로서 서로 다를 뿐 질적 격차가 있는 것은 아니기 때문이다. 다만 예술을 논하는 문맥에서 문화를 '고급문화'와 '저급문화'로 나누는 경우가 있기는 하다. 그러나 이러한 이분법이 과연 타당한지에 대해선 논쟁의 여지가 있다.

물건과 물체와 물질

물건과 물체와 물질은 공통적으로 공간에 실체로서 존재하는 대상물을 가리키는 말인데, 그 의미와 쓰임은 조금씩 다르다.

㉮ 그는 남의 물건을/물체를̽/물질을̽ 훔치다가 그 자리에서 붙잡혔다.

㉯ 귀중한 물건은/물체는̽/물질은̽ 안전한 곳에 잘 보관하세요.

㉰ 대청소를 하면서 쓸모없는 물건을/물체를̽/물질을̽ 모두 갖다 버렸다.

'물건'은 일상생활과 관련이 있는, 일정한 형태가 있는 사물을 가리킨다. 필요에 따라 만들거나 가공하여 어떤 목적으로 이용하며, 일반적으로 혼자서 들거나 여럿이 옮길 만한 크기의 것을 가리킨다. 일반적으로 물건은 어떤 용도인지, 누구의 소유인지, 얼마나 가치가 있는지 등이 중요하다. 남의 물건을 훔친다는 말은 소유 관념이 투영된 표현으로, 남의 물체나 물질을 훔친다고 하지는 않는다(㉮의 경우). 또 가치 유무를 따져 귀중한 물건이라거나 값싼 물건이라고 할 수 있지만 귀중하거나 값싼 물체나 물질이라고는 말하지 않으며(㉯의 경우), 용도 여부를 따져 쓸모없는 물건이라거나 쓸 만한 물건이라고 하지만 쓸모없다거나 쓸 만한 물체나 물질이라고는 하지 않는다(㉰의 경우). 이처럼 물건이라는 말 속에는 용도, 소유, 가치 등의 관념이 짙게 묻어 있다.

㉭ 정지해 있는 물체는/물건은/물질은 힘이 가해지지 않으면 계속 정지해 있다.

㉮ 그 순간 창밖으로 검은 물체가/물건이/물질이 휙 하고 지나갔다.

㉯ 안경을 쓰자 흐릿했던 물체가/물건이/물질이 또렷하게 보였다.

㉰ 어둠 속에서 차갑고 단단한 물체가/물건이/물질이 그의 손에 만져졌다.

'물체'는 일정한 형태가 있다는 점에서 물건과 같으

나 일상적이지 않다는 점에서 물건과 다르다. 물체에는 용도, 소유, 가치 등의 일상적 관념이 지워져 있다. 물체는 주로 관찰이나 실험 같은 가치 중립적 맥락에서 사용된다. 과학 탐구를 위한 관찰에서 정지해 있는(혹은 운동하는) 물체를 물건이나 물질이라고 하지는 않는다(㉮의 경우). 또 형태는 있으나 정체를 알 수 없거나 오직 시각이나 촉각 등의 대상이 되는 사물을 물체라고 부를 수 있다. 창밖으로 스쳐 지나간 정체불명의 그림자는 검은 물체라고 부르고(㉯의 경우), 흐릿하거나 또렷한 시각적 대상물과 차갑고 단단한 촉각의 대상물도 물체라 부른다(㉯와 ㉰의 경우).

㉮ 이 안경은 유리, 플라스틱, 금속과 같은 물질로/물̌건̌으로/물̌체로 이루어져 있다.

㉯ 공장에서 유해 물질이/물̌건̌이/물̌체가 누출되었다.

'물질'은 공간을 차지하고 질량이 있다는 점에서 물건·물체와 같으나 특정한 형태가 없다는 점에서 그것과 다르다. 물질은 어떤 물건이나 물체의 재료나 원료라는 뜻으로 쓰이기도 하고, 원소나 화합물이라는 뜻으로 쓰이기도 한다. 유리·플라스틱·금속 등은 안경을 구성하는 재료로서의 물질이고(㉯의 경우), 공장에서 아황산가스나 벤조피렌 등이 유출되었다면 그것은 원소나 화합물로서의 물질이다(㉰의 경우).

한편 물건이 때로 거래 대상의 부동산을 가리키는 경우가 있다. 부동산 중개인이 부동산 매물에 대하여 "요즘엔 통 물건이 없어요."라고 할 때가 그렇다. 또는 특이해서 주목을 끌거나 재주가 제법이라고 여겨지는 사람을 가리키기도 한다. "새로 들어온 후배 녀석 말이야, 볼수록 물건이더라고."와 같이 쓰인다.

그런가 하면 물질이 돈이나 부를 뜻하기도 한다. '물질 만능의 시대', '물질을 탐하다', '물질의 노예가 되다'와 같이 쓰인다.

발달과 발전

세상에 변하지 않는 것은 없다. 헤라클레이토스의 '만물 유전설'萬物流轉說이나 불교의 '무상'無常을 들먹이지 않더라도 모든 사물이 시시각각 변해 간다는 것은 너무나 자명하다. "같은 강물에 두 번 발을 담글 수 없다."라는 명언처럼 우리는 변화무쌍한 세상에 몸을 담그고 살아갈 수밖에 없다. 그 변화는 긍정적일 수도 부정적일 수도 있고, 가치 중립적일 수도 있다.

발달과 발전은 대체로 긍정적 변화를 가리킬 때가 많다.

㉮   의학이 발달하다/발전하다.
㉯   제조업의 발달/발전 과정을 살펴보다.

의학의 발달과 의학의 발전, 제조업의 발달과 제조업의 발전은 모두 좋은 쪽으로 달라지는 긍정적 변화를 가리킨다는 점에서 같다. 그렇지만 구체적 사용 문맥에 따라서는 차이를 보이기도 한다.

     ⓓ   교통의 발달로/발전으로 인해 일일생활권이 크게 확
           대되었다.
     ⓔ   서울시는 도시 교통의 발전을/발달을 위한 효율적 방
           안을 모색하고 있다.

'발달'이 학문·기술·문명 등이 일정 수준이나 상당한 정도에 이르는 것을 가리키는 반면, '발전'은 사물이 이전보다 더 낫거나 좋은 상태로 나아가는 것을 가리킨다. 발달이 일정 수준의 도달에 초점이 있다면, 발전은 이전보다 좋아져 가고 있는 상태에 초점이 있다. 다시 말해 발달은 완성도 있는 수준에 도달한 것을 뜻하는 데 비해 발전은 완성도와 상관없이 이전의 상태보다 진일보한 것을 뜻한다. '교통의 발달'이란 교통수단이나 교통 인프라가 상당한 수준에 도달한 상태를 가리키고(ⓓ의 경우), '교통의 발전'은 교통이 현재 또는 기준 시점보다 더 나아진 상태를 가리킨다(ⓔ의 경우).

그런가 하면 발달이 선조적 성장, 다시 말해 시간의 흐름에 따라 순차적으로 이루어진 성장을 함의하는 데 비해,

발전은 반드시 그렇지는 않다.

ⓜ 인류의 문명은 장구한 세월을 거쳐 발달하였다/발전하였다.

ⓝ 아이들의 실력이 하루가 다르게 발전하고/발달하고 있다.

　인류의 문명은 오랜 시간을 통해 순차적으로 발달하거나 발전하지만(ⓜ의 경우), 아이의 실력은 시간의 순차적 흐름과 상관없이 비약적으로 발전할 수 있다(ⓝ의 경우). 발달이 가지는 선조적 성장의 특징은 다음의 예에서도 찾을 수 있다.

ⓞ 어린아이의 뇌 발달은/발전은 0세에서 3세 무렵까지 급속하게 이루어진다.

ⓟ 음악은 아동의 정서 발달에/발전에 도움을 준다.

ⓠ 운동선수는 일반인보다 운동 신경이 더 발달해/발전해 있다.

　뇌의 발달이나 정서의 발달은 시간의 흐름에 따른 선

조적 성장을 의미한다(㉯와 ㉰의 경우). 물론 환경적 요인이 그 발달을 더욱 촉진할 수도 있다. 발전이 일반적으로 의지적 노력의 산물인 데 반해, 발달은 반드시 그런 것은 아니다. 특히 신체, 정서, 지능 따위가 성장한다는 뜻의 발달은 의지적 노력과 무관할 수도 있다. 운동선수의 운동 신경은 엄청난 연습량의 결과물일 수도 있고 타고난 유전적 특성일 수도 있다(㉰의 경우). 발달의 선조적 특성은 신체적인 것뿐 아니라 지리적·기상적 현상에서도 나타난다.

㉱ 우리나라는 겨울에 시베리아 대륙에 고기압이 발달하여/발전하여 한랭한 북서 계절풍이 분다.

㉲ 범람원에는 자유 곡류 하천이 발달한다/발전한다.

고기압/저기압/태풍이 발달한다거나(㉱의 경우), 곡류 하천/삼각주/리아스식 해안이 발달했다(㉲의 경우)는 것은 시간의 흐름에 따라 지리, 기상 등의 세력이나 규모가 형성되거나 커지는 것을 뜻한다.

한편 발전은 일이 어떤 방향으로 전개된다는 뜻으로 쓰이는 경우가 있으나, 발달은 그런 뜻을 가지지 못한다.

ⓣ 두 사람의 관계는 친구에서 연인으로 발전했다/발달
했다.

ⓟ 일이 아주 엉뚱한 방향으로 발전하고/발달하고 말
았다.

두 사람의 관계가 연인 사이로 발전할 수는 있지만 발
달할 수는 없으며(ⓣ의 경우), 일이 엉뚱한 방향으로 발전할
수는 있지만 발달할 수는 없다(ⓟ의 경우). 발전은 어떤 상
황의 전개를 뜻할 수 있으나 발달은 그런 뜻을 나타낼 수
없다.

방랑과 유랑

떠도는 자의 삶은 신산하다. 머물 수 없다는 것, 미처 익숙해지기도 전에 결별해야 한다는 것은 떠도는 자의 아픈 숙명이다. 어제 그랬듯 오늘도 내일도 떠나야 하는 자는 매이지 않아 바람처럼 자유롭지만, 뿌리박지 않아 부평초처럼 허허롭다.

'방랑'과 '유랑'은 둘 다 이리저리 떠돌아다니는 것을 뜻한다. '방랑 생활'과 '유랑 생활'은 이리저리 떠돌아다니는 생활이라는 점에서 같고, '방랑길'과 '유랑 길'은 이리저리 떠돌아다니는 노정이라는 점에서 같다. 하지만 떠도는 이유는 서로 다를 수 있다.

㉮ 김삿갓은 평생 방랑 생활을 하며 많은 풍자시를 남겼다.

㉯ 집시는 유럽 여러 나라를 전전하며 유랑 생활을 하고 있다.

김삿갓으로 널리 알려진 김병연은 평생 방랑 생활을 하였고, 집시들은 유럽 여러 나라를 떠돌며 유랑 생활을 하였다. 김병연이 삿갓을 쓰고 전국을 떠돌아다녔던 이유는 하늘을 볼 수 없는 사람이라는 죄의식 때문이었는데(그의 조부 김익순은 홍경래의 난 때 반란군에게 투항하고도 그 사실을 날조한 죄로 처형되었다), 그의 방랑은 현실에서 도피하고픈 욕망과 지식인으로서의 정신적 방황에서 비롯된 행위라 할 수 있다. 그에 비해 춤·곡예·연주 등으로 생계를 꾸리는 집시들의 유랑은 삶의 터전을 찾기 위한 현실적 동기에서 비롯되었다. 방랑이 정신적 방황이나 세계에 대한 탐구욕으로서의 떠돎에 초점이 있다면, 유랑은 삶을 일구는 수단으로서의 떠돎에 초점이 있다.

ⓓ 그는 젊은 시절 방랑벽을/유랑벽을 주체하지 못하고 세계 곳곳을 누비고 다녔다.

ⓔ 사람들은 때로 인습에서 벗어나 자유분방하게 방랑자로/유랑자로 살고 싶어 한다.

낯선 곳과 새로운 풍물을 찾아 자꾸만 떠나고 싶어 하는 습벽은 방랑벽이라 할 만하고, 기존 질서나 인습에 안주

하지 않고 새로움과 변화를 추구하고자 하는 사람은 방랑자라 할 만하다. 방랑하는 자의 마음속에서는 떠나고자 하는 욕망과 돌아가고픈 욕망이 서로 부딪치며 길항한다. 객창에서 홀로 밤을 맞는 것은 더없이 고독한 일이지만, 날이 밝으면 어디론가 떠난다는 것은 설레고 가슴 벅찬 일이다.

    ㉮   지난날 유랑/방랑 극단에서는 기기묘묘한 곡예가 펼쳐지곤 했다.

    ㉯   유대인은 오랜 세월을 유랑민으로/방랑민으로 떠돌며 온갖 박해와 설움을 겪었다.

    나이가 지긋한 세대는 유랑 극단을 기억하리라. 어린 시절 마을 공터에 커다란 천막이 가설되고 나면 그 안에서 환상적 곡예가 펼쳐졌던 것을. 줄타기, 공중그네, 접시돌리기, 외발자전거 타기, 마술 쇼 등을 사람들은 손에 땀을 쥐고 지켜보거나 넋을 잃고 바라보면서 즐거워했다. 하지만 극단이 마을에 머무는 것은 고작 며칠. 온 마을을 시끌벅적하게 만들다가, 그들은 홀연 어디론가 떠났다. 유랑은 그들의 삶의 방식이자 삶 자체였다.

    디아스포라(폭력적으로 자신의 공동체로부터 쫓겨나

세계 각지로 흩어져 사는 사람들)의 대명사인 유대인은 수천 년 동안 이민족의 질시와 박해의 대상이었다. 그들에게 유랑은 삶의 방식이기 이전에 강요된 선택이었다.

복종과 순종과 굴종과 맹종

사람은 본성적으로 간섭이나 억압을 싫어한다. 무슨 일이든 자신의 선택에 따라 자발적으로 하고 싶어 한다. 평소 하고 싶어 했던 일도 정작 남이 시키면 하기 싫어지는 것이 인지상정이다. 하지만 늘 자신의 선택에 따라 자기가 원하는 일만 하고 살 수는 없는 법. 내키지 않아도 부모의 말씀을 좇거나 상사의 명령을 따라야 할 때가 많다.

'복종'은 윗사람의 명령이나 지시, 뜻에 따르는 것으로, 흔히 서열·지위·계급 등의 수직 관계에서 발생한다. 신하가 왕에게, 노예가 주인에게, 부하가 상관에게, 자식이 부모에게 복종하는 것은 그들이 서열이나 지위, 계급이 낮은 아랫사람이기 때문이다.

'순종'은 윗사람의 말이나 뜻을 받들어 순순히 따르는 것을 가리킨다. 복종처럼 수직 관계에서 이루어지지만 의미의 결이 약간 다르다. 복종이 외적·객관적 태도에 초점이 있다면 순종은 내적·주관적 태도에 초점이 있다.

㉮　분대장은 병사들이 자신의 말에 복종하기를 바랐다.

㉯　아버지는 아들이 자신의 말에 순종하기를 바랐다.

복종과 순종의 결정적 차이는 내면의 동의 여부에 있다. 복종은 행동에 관심이 있을 뿐 내면적 동의에 무관심하지만, 순종은 행동뿐 아니라 내면적 동의를 요구한다. 분대장은 병사들이 속마음이야 어떻든 자신의 명령에 따라 행동하기를 바라고(㉮의 경우), 아버지는 아들이 자신의 뜻에 따라 행동할 뿐 아니라 자신을 공경하기를 바란다(㉯의 경우). 사회나 군대의 상하 관계에서는 복종이 주로 쓰이고, 부모와 자식, 스승과 제자 간의 관계에서는 순종이 주로 쓰인다고 할 수 있다.

'굴종'은 남에게 눌려서 자기 뜻을 펴지 못하고 남이 하라는 대로 하는 것을 가리킨다. 남의 뜻에 따른다는 점에서 복종과 다르지 않으나, 남의 의지와 나의 의지 사이에 날카로운 대립과 긴장이 있다는 점에서 복종과 다르다. 곧 남의 강압에 어쩔 수 없이 따르기는 하지만 마음속에 굴욕감이 강하게 작동하고 있는 것이 굴종이다.

㉰　사대와 굴종으로/복종으로 얼룩진 치욕의 역사.

㉺ 유관순은 일제의 억압에 굴종하지/복종하지 않고 의
　　로운 죽음을 택했다.

　　병자호란 때 조선 인조가 청나라 태종에게 무릎을 꿇
고 항복한 것은 굴종의 역사라 할 수 있고(㉹의 경우), 유관순
열사가 옥중에서 순국한 것은 일제의 억압에 굴종하지 않
으려는 의지 때문이었다(㉺의 경우). 굴종은 남의 힘에 억눌
려서 굴욕적으로 제 뜻을 꺾는 것을 뜻한다고 할 수 있다.
　　'맹종'은 남의 말이나 생각, 가르침, 가치관 등을 덮어
놓고 받아들이거나 따르는 것을 가리킨다. '남의 말을 맹
종하다', '서구의 이론을 맹종하다', '전통과 권위에 대한 맹
종'과 같이 쓰이는 말로, 무비판적·맹목적인 수용과 추종
을 의미한다.

부도덕과 비도덕과 무도덕

우리말에는 뒤에 오는 말(한자어)을 부정하는 접두사가 여럿 있다. 그중 '불/부不–', '비非–', '무無–'가 대표적이다. '불/부–'는 '아님', '아니함', '어긋남'의 뜻을 더하는 말로, '불가능, 불규칙, 불합격, 부적절, 부조화' 등으로 쓰인다. '비–'는 '아님'의 뜻을 더하는 말로, '비공개, 비대칭, 비정상, 비논리적, 비폭력주의' 등으로 쓰인다. '무–'는 '없음'의 뜻을 더하는 말로, '무경험, 무계획, 무관심, 무면허, 무소속' 등이 그 예이다. 이들 세 접두사와 결합하는 말은 대체로 서로 겹치지 않으나, 드물게 겹치는 경우도 있다. '부도덕', '비도덕', '무도덕'이 그러하다.

'부도덕'과 '비도덕'은 둘 다 인간이 지켜야 할 도리나 규범에 어긋나는 상태를 뜻하는 말로, 그 의미가 비슷하지만 쓰이는 형태가 조금 다르다. 부도덕은 '부도덕, 부도덕하다, 부도덕성'의 꼴로, 비도덕은 '비도덕적이다, 비도덕성'의 꼴로 주로 쓰인다.

㉮ 사회에 부도덕이/⌢비⌢도덕이 만연해 있다.

㉯ 남의 물건을 훔치는 짓은 부도덕한/비도덕적인 행동
이다.

㉰ 그 소설은 권력층의 부도덕성을/비도덕성을 날카롭
게 풍자했다.

부도덕은 자립성이 있어 격조사가 붙을 수 있으나, 비
도덕은 자립성이 낮아 격조사가 붙기 어렵다(㉮의 경우). '부
도덕하다'는 '비도덕적이다'와, '부도덕성'은 '비도덕성'과
같은 의미로 쓰인다(㉯와 ㉰의 경우). 그러나 엄밀히 말해 '부
도덕하다'와 '비도덕적이다', '부도덕성'과 '비도덕성'이 완
전 동의어는 아니다. '부도덕하다'와 '부도덕성'이 어떤 행
위가 도리나 규범에 어긋나거나 이를 어긴 상태를 나타내
는 반면, '비도덕적이다'와 '비도덕성'은 어떤 행위가 도리
나 규범에 맞지 아니하거나 도덕에 대립된 상태를 나타낸
다. 전자가 후자보다 도덕에 대한 부정의 정도가 강하다.

㉱ 가톨릭계에서는 인간 배아 복제를 비도덕적인/⌢부⌢도
⌢덕한 행위라고 비난했다.

㉲ 타인의 불행에 무관심한 도시인의 비도덕성을/⌢부⌢도

덕성을 개탄하다.

남의 물건을 훔치는 일은 부도덕한 행위이면서 비도덕적인 행위이지만, 인간 배아 복제는 부도덕한 행위라기보다 비도덕적인 행위이고(㉮의 경우), 타인의 불행에 아무 관심이 없는 도시인의 이기심은 부도덕성이라기보다 비도덕성이라 할 수 있다(㉯의 경우). 이렇듯 부도덕과 비도덕은 부정적 의미의 강도가 다르다. 또 해악을 미치는 결과도 달라, 부도덕이 직접적이라면 비도덕은 간접적이다. 곧 도둑질이 가져오는 피해는 직접적이지만, 타인에 대한 무관심이 가져오는 피해는 간접적이라 할 수 있다.

그런가 하면 철학에서 전통 도덕을 거부하고 새로운 도덕 가치를 내세우는 입장이나 태도를 가리켜 '비도덕주의'라고 부르는데, 이를 '부도덕주의'라고 바꾸어 부를 수 없다. 비도덕주의란 도덕에 어긋나는 것이라기보다 기성 도덕에 대립된 것이기 때문이다.

한편 '무도덕'은 인간이 지켜야 할 도리나 규범이 없는 상태를 가리키는 말로, 부도덕이나 비도덕과 겹치기도 하고 엇갈리기도 한다. 부도덕이 도덕을 고의로 어기는 것을 가리키고 비도덕이 도덕에 대립된 것을 가리키는 데 비해,

무도덕은 도덕의식 자체가 없는 상태를 가리킨다. 도덕의식이 없으면 결과적으로 도덕을 어기기도 하고 도덕에 대립되기도 한다는 점에서 셋은 의미가 부분적으로 포개질 수도 있다.

ⓑ 막 태어난 아기는 무도덕/부도덕/비도덕 상태에 있다.

ⓢ 오늘날 인터넷 공간에는 무도덕이/부도덕이/비도덕이 횡행한다.

ⓐ 니체의 '비도덕주의'는 '무도덕주의'로 불리기도 한다.

불법과 위법과 범법

'법 없이도 살 수 있는 사람'이라는 말이 있다. 너무나 착해서 법이 필요 없는 사람이라는 뜻이지만, 사실 법이 없다면 착하고 힘없는 자를 보호할 길이 없다. 무법의 자연 상태를 홉스가 '만인의 만인에 대한 투쟁'이라고 설파했듯, 법이 없다면 인간 사회는 오로지 약육강식의 법칙에 지배받게 될 터이다. 법은 강자가 가진 힘의 논리를 제어할 수 있는 강력한 수단이다.

사람이 모여 사는 사회에 으레 법이 존재하지만, 법이 있는 곳에 법을 어기는 자도 있기 마련이다. 법을 어기는 일이나 법에 어긋나는 일을 가리켜 '범법', '위법', '불법'이라고 한다.

㉮ 불법/위법/범법 행위
㉯ 불법을/위법을/범법을 저지르다.

불법 행위와 위법 행위, 범법 행위는 모두 법을 어기거나 법에 어긋나는 행위라는 점에서 동일하다(㉮의 경우). 또한 불법을 저지르는 것과 위법을 저지르는 것, 범법을 저지르는 것 사이에 차이를 발견하기 어렵다(㉯의 경우). 그러나 다음의 예에서는 세 단어 사이에 차이가 발견된다.

㉰ 불법/위법/범법 주차
㉱ 불법/위법/범법 건축물
㉲ 범법자로/불법자로/위법자로 낙인찍히다.

불법 주차는 자연스러우나 위법 주차나 범법 주차는 그렇지 못하고(㉰의 경우), 불법 건축물과 위법 건축물은 자연스러우나 범법 건축물은 그렇지 못하며(㉱의 경우), 범법자는 자연스러우나 불법자나 위법자는 그렇지 못하다(㉲의 경우). '범법'이 막연히 법을 어기는 행위를 가리키는 데 비해, '위법'은 적법하지 못한 상태, 곧 특정 법의 내용에 들어맞지 않는 상태를 가리키고, '불법'은 합법이 아닌 상태, 곧 특정 법을 위반한 상태를 가리킨다. 부연하자면 불법 주차는 도로 교통법을 위반한 주차를 가리키고, 불법 건축물은 건축법에 따른 사용 승인을 받지 않고 지은 건축물을 가리키며, 위법 건축물은 건축법에 따른 사용 승인은 받았으나 사후에 법을 위반해 증·개축이나 용도 변경 등을 한 건축물(법률적으로는 '위반 건축물'이라고 한다)을 가리킨다. 또한 범법자는 특정 법과 상관없이 법을 어긴 사람을 포괄적으로 이르는 말이다.

법학에서는 위법과 불법을 좀 더 엄밀하게 구별한다. 위법은 어떤 행위가 법질서 전체(실정법 전체와 사회 상규)와 모순된 관계에 있는 상태를 뜻하고, 불법은 어떤 행위가 특정 법 규범에 어긋나는 상태를 뜻한다. 위법성의 관념에서는 어떤 행위가 위법인지 아닌지만 판단할 뿐, 범죄의 질과 양을 따지지 않는다. 어떤 사람이 한 명을 살해하든 열 명을 살해하든 똑같이 위법하다. 그렇지만 불법의 경우에는 행위마다 질과 양이 다르게 평가된다. 일반적으로 한 명을 살해한 것보다 열 명을 살해한 것이 죄질이 중하게 취급되고, 고의에 의한 불법인지 과실에 의한 불법인지에 따라 양형이 달라진다. 또한 불법은 법률마다 달리 적용되므로, 민법상의 불법이 형법상의 불법이 아닐 수 있다. 가령 채무 불이행은 민법에서는 불법이지만 형법에서는 불법이 아니다.

비평과 평론

비평과 평론은 사물의 의미를 해석하고 그 가치와 의의를 평가하는 일을 가리킨다. 특히 문학을 비롯한 예술 창작이나 사회적·문화적 활동에 대한 심미적·분석적 평가를 뜻한다는 점에서 두 단어는 거의 동의어에 가깝다. '문학 비평/문학 평론', '미술 비평/미술 평론', '시사 비평/시사 평론', '비평가/평론가', '비평집/평론집'에서 보듯 둘은 별다른 구별 없이 사용된다. 그러나 말뭉치를 폭넓게 살펴보면 서로 바꾸어 쓰기 어려운 경우도 적지 않다.

㉠　비평문批評文/비평안批評眼

㉡　원전 비평/인상 비평

㉢　현대 문학의 분석과 비평

㉣　평론을 잡지에 발표하다.

이 경우 비평을 평론으로, 평론을 비평으로 대체하기 어렵다. 그 원인은 의미 자질에 있는 것으로 보인다. '비평'

은 사물의 가치를 평가하는 일, 곧 행위의 의미가 강한 데 비해, '평론'은 사물의 가치를 평가하여 논한 글, 곧 텍스트의 의미가 강하다. '비평문'은 어떤 대상을 비평한 글로, '비평안'은 비평할 수 있는 안목으로 읽을 수 있지만 '평론문'이나 '평론안'은 그런 방식으로 읽기 어렵다. 곧 평론문은 평론 자체가 글이므로 의미가 중첩되었고, 평론안은 평론할 수 있는 안목으로 해석할 수는 있으나 낯설고 어색하다. 또 '원전 비평, 인상 비평, 실천 비평, 분석 비평'과 같이 비평은 방법론에 따른 유형을 나타낼 수 있으나, 평론은 개별 텍스트만 의미할 뿐 그러한 유형을 나타낼 수 없다.(다만 평론은 '시·소설·수필·희곡·평론'에서처럼 문학 장르 개념으로 쓰인다.) '현대 문학의 분석과 비평'의 경우도 행위성과 무관치 않다. 분석과 같은 행위성(서술성) 명사와 나란히 놓일 수 있는 것은 비평이지 평론이 아니다.

'비평하다'와 '평론하다'가 모두 말뭉치에서 확인되는 것으로 보아 평론도 행위성이 전혀 없는 것은 아니다. 하지만 '평론하다'의 쓰임은 '비평하다'에 비해 활발하지 않고 실제 사용 빈도도 현저히 낮다. '문학 작품을 비평하다, 사회 현실을 비평하다'는 무척 자연스럽지만 '문학 작품을 평론하다, 사회 현실을 평론하다'는 그다지 혀에 감기지 않는다. 지나간 문헌에 "그대는 아내의 요리나 가사 솜씨를 그대의 어머니나 친구 아내와 비교하여 평론하는 어리석은 일을 하지 않는가?"(『동아일보』 1939. 9. 5.)와 같은 용례가 보이기는 하지만, 오늘날 '평론하다'는 그 쓰임이 현저히 약화되어 '비평하다/논평하다/평가하다/평하다/논하다' 등에 자리를 넘겨주고 있다. '비평하다' 역시 '사물의 가치를 평가하다'가 아닌 '결점이나 결함을 드러내어 말하다'의 의미로는 점차 사용이 줄어 빈도에서 '비판하다', '비난하다'에 밀리고 있다. '상대를 신랄하게 비평하다'는 '상대를 신랄하게 비판하다/비난하다'로 고쳐 말할 때 훨씬 귀에 익숙하다.

한편 다른 한자어 명사와 어울려 복합어나 구를 이루는 경우, 비평은 평론보다 결합하는 말의 폭이 넓다. '비평사/평론사', '비평 예술/평론 예술', '문명 비평/문명 평론', '비평 용어/평론 용어' 등에서 보듯 평론은 비평보다 결합의 범위가 제약적이다.

사고와 사유와 사색

국어학자 김광해는 고유어와 한자어의 대응 현상에 대해 의미 있는 주장을 편 바 있다. 한 개의 고유어에 대해 둘 이상의 한자어가 대응한다는, 이른바 '고유어와 한자어 일대다 대응 현상'이 그것이다. 가령 고유어 '고치다'는 한 자어 '수리하다, 수선하다, 치료하다, 교정하다, 수정하다, 시정하다, 정정하다, 변경하다, 개선하다, 개조하다' 등과 대응한다는 것이다. 이 경우에 외연이 넓은 고유어의 범주에 외연이 좁은 여러 한자어가 포함되는 특징을 가진다. 여기서 다루고자 하는 한자어 '사고思考, 사유思惟, 사색思索' 역시 고유어 '생각'에 일대다 대응을 보이는 경우에 해당한다.

사고, 사유, 사색은 모두 '사람이 머리를 써서 사물을 인식하고 판단하는 것'을 뜻하는 생각의 범주에 포함되지만 그 빛깔과 결이 조금씩 다르다. 세 단어의 실제 용례를 살펴보자.

㉮ 넌 이분법적 사고에/사유에/사색에 젖어 있어.

㉯ 그의 사고는/사유는/사색은 철저히 인습에 속박되어
있다.

'사고'는 주로 일정한 방식이나 틀에 따라 이루어지는
생각, 또는 어떤 내용의 생각을 가리킨다. 이분법적 사고에
젖어 있다는 말은 사물 현상을 선과 악, 흑과 백, 옳고 그름
과 같이 두 요소로 나누어 생각하는 방식에 빠져 있음을 나
타내고(㉮의 경우), 사고가 인습에 속박되어 있다는 말은 생
각의 내용이 인습에서 벗어나지 못하여 고루하거나 편협
한 상태에 있음을 나타낸다(㉯의 경우). 마찬가지로 '냉전적
사고, 물신적 사고, 주술적 사고, 비판적 사고, 창의적 사고,
윤리적 사고'나 '사고가 단세포적이다', '요즘 젊은이는 사
고방식이 다르다', '무의식이 우리의 행동과 사고를 지배한
다' 등에서의 사고는 어떤 방식이나 틀에 따른 생각을 가리
키거나 어떤 내용의 생각을 가리킨다.

㉰ 인간은 사유를/사고를/사색을 통해서 진리에 도달할
수 있다.

㉱ 시인은 한 알의 모래알에서 우주를 사유할/사고할/

사색할 수 있다.

'사유'는 사물에 대해 본질, 의미, 가치 등을 깊이 헤아
리고 생각하는 것을 가리킨다. 사고가 어떤 방식이나 틀에
의한 생각이라면, 사유는 근원적 탐구로서의 생각이라고
할 수 있다. '인간이 사유를 통해 진리에 도달할 수 있다'라
고 할 때의 사유는 근원적 탐구로서의 생각을 뜻한다(㉮의
경우). 이 경우 사유의 자리에 사고나 사색을 대신 쓰는 것
이 아주 불가능하지는 않지만 썩 자연스럽다고 하기도 어
렵다. 풀 한 포기, 모래 한 알에서 우주를 사유한다고 했을
때에도 '사유하다'는 근원에 대해 깊이 생각함을 나타낸다
(㉯의 경우).

㉮ 가을은 사색의/사고의/사유의 계절이다.
㉯ 그는 벤치에 홀로 앉아 깊은 사색에/사고에/사유에
    잠겨 있다.

'사색'은 삶의 의미나 철학적인 문제 등에 대해 골똘히
생각하는 것을 가리킨다. 가을이 되면 왠지 감상적인 기분
이 되어 일상에 매몰되었던 자신의 삶을 문득 돌이켜 보게

된다는 점에서 사색은 자기 성찰적 의미를 담고 있을 뿐 아니라(⑭의 경우), 홀로 깊은 사색에 잠겨 있다는 표현에서 보듯 고요와 정밀靜謐의 분위기를 거느리고 있다(⑭의 경우).

세 단어 모두 문어적이지만, 각기 사용되는 영역이나 분야가 조금씩 다르다. 사고는 교육이나 심리학·철학 분야에서 많이 쓰이고, 사유는 철학이나 문예 비평 영역에서 널리 쓰이며, 사색은 산문 등에서 주로 쓰인다. 다음은 세 단어가 구성 요소로 쓰인 용어나 책 제목의 예다.

- 사고: 강박 사고(심리), 발산적 사고(심리), 분석적 사고(교육), 비판적 사고(교육), 수직 사고(철학), 수평 사고(철학)
- 사유: 사유 법칙(철학), 사유 체계(철학), 사유 형식(철학), 순수 사유(철학), 『현대시의 사유 구조』(비평서), 『존재와 시간의 사유』(철학서)
- 사색: 『감옥으로부터의 사색』(서간집), 『짧은 느낌, 긴 사색』(산문집), 『내일을 여는 사색』(산문집)

사사와 사숙

제도 교육은 배움의 시기를 일정한 연령대로 묶어 놓았지만, 배움에 반드시 때가 정해져 있는 것은 아니다. 세상은 놀라울 만큼 빠르게 변하고 있어 거기에 적응하기 위해선 부단히 무언가를 새롭게 배우지 않으면 안 된다. 세상의 변화를 따라가기 위해서, 더 나아가 세상을 진취적이고 창조적으로 살아가기 위해서 배움을 통해 자기 한계를 넘어설 수 있어야 한다.

우물 안의 개구리는 우선 자신이 우물이라는 좁은 공간에 갇혀 있음을 뼈저리게 깨달아야 한다. 그런 다음 그 우물을 벗어날 수 있는 방법과 수단을 치열하게 모색해야 한다. 이때 무엇보다 중요한 것은 개구리를 이끌어 줄 수 있는 멘토, 즉 스승이다. 스승 없이는 자기 한계를 자각하는 일도, 자기 한계를 넘어서는 일도 결코 수월찮다.

'사사'師事나 '사숙'私淑은 어떤 이를 스승으로 섬긴다는 점에서 같다. 누군가를 스승으로 섬기는 한 개구리는 일단 새로운 지평을 열 수 있는 실마리를 얻었다고 할 수 있다.

그런데 둘 사이에는 결정적인 차이가 있다.

⑦　그는 당대의 명창들에게 사사를/사숙을 받아 자기만
　　의 소리를 만들어 냈다.

사사는 스승에게 직접 가르침을 받는 것이지만, 사숙
은 마음속으로만 스승으로 섬길 뿐 직접 가르침을 받지는
않는 것이다. 곧 스승에게 사사를 받을 수는 있지만 사숙을
받을 수는 없다. 사사는 대체로 예술이나 기예 등을 익힐
때 택하는 방식을 가리키는데, 도제 형태를 취하는 경우가
많다. 사숙은 스승으로 섬길 이를 현실적으로 만날 수 없거
나 만나기 어려워 그의 작품이나 책, 행적 등을 통해 사상
이나 지향하는 바를 본받는 일을 가리킨다.

한편 파생어 '사사하다'와 '사숙하다'는 다음의 예에서
서로 다른 문형 구조를 가진다.

⑭　이날치는 박유전을 사사하여 판소리 서편제를 계승
　　했다.
⑭　김소월은 김억에게서 시를 사사하였다.

㉯는 '어떤 사람이 다른 사람을 스승으로 섬겨 가르침을 받다'의 뜻으로, 'A(인물)가 B(인물)를 사사하다'의 문형을, ㉰는 '어떤 사람이 스승으로 섬기는 사람에게서 무엇을 배우다'의 뜻으로, 'A(인물)가 B(인물)에게서/에게 C(시·예술·기예)를 사사하다'의 문형을 보여 준다.

㉱ 시인 김춘수는 릴케를 사숙하여 존재 탐구의 시를 썼다.

㉱는 '어떤 사람이 학문이나 예술 등에 뛰어난 사람을 마음속으로 스승으로 삼아 본받아 배우다'의 뜻으로, 'A(인물)가 B(인물)를 사숙하다'의 문형을 보여 준다.

어떤 형태의 배움이든 스승을 필요로 하지만, 진정한 배움은 스승을 넘어서는 데 있다. 아라한을 만나면 아라한을 죽이고 부처를 만나면 부처를 죽여야 한다는 말처럼 스승도 결국 넘어서야 할 존재다. 배움이란 한계를 끝없이 넘어서는 과정 속에 존재한다. "배움이란 평생 알고 있었던 것을 전혀 새로운 방식으로 이해하는 것이다."라는 소설가 도리스 레싱의 명언을 기억할 필요가 있다.

사실과 진실

지구가 태양의 주위를 돈다는 것은 '사실'인가 '진실'인가? 오늘날 지동설은 과학적 증명이 끝난 객관적 '사실'이지만, 17세기 과학자 갈릴레오 갈릴레이에게는 '진실'의 문제였다. 종교 재판을 받는 자리에서 교황청의 압력에 굴복하여 자신의 지동설을 철회하긴 했지만 재판정을 나오면서 "그래도 지구는 돈다."라고 중얼거렸을 때(이 일화는 후세 작가가 지어낸 이야기라는 주장이 있긴 하지만), 그는 자신의 신념을 진실이라고 믿었다.

어떤 사람의 죽음을 놓고 그 원인을 규명하는 일은 사실의 문제가 될 수도 있고 진실의 문제가 될 수도 있다. 사실을 밝히는 것이 죽음이 초래된 원인을 객관적으로 드러내는 일이라면, 진실을 밝히는 것은 죽음을 둘러싼 온갖 의혹을 걷어 내는 일이다. 수사 기관이 현장 검증과 여러 정황 증거를 통해 사실을 밝힌다 하더라도 수사 발표에 불투명하거나 미심쩍은 점이 있을 경우 유족이나 시민 단체, 언론 등은 그에 승복하지 않고 진실을 밝히려고 할 것이다.

이렇듯 사실과 진실은 같은 듯하면서도 다르다. 무엇보다 진실에는 사실에서 볼 수 없는 긴장과 두려움이 서려 있다. 17세기의 유럽에서 지동설을 진실이라 믿고 주장하는 것은 죽음을 각오해야 할 만큼 위험한 일이었다. 또한 어떤 의문사에 대해 진실을 밝혀야 한다고 요구하는 목소리에는 은폐나 왜곡을 용납하지 않으려는 긴장감이 묻어 있다. 법정에서 "증인은 오직 진실만을 말할 것을 맹세합니까?"라고 물었을 때, 이는 증인에게 단순한 사실의 진술을 요구하는 것이 아니라 양심에 따른 진실된 고백을 촉구하는 것이다.

사실이 '실제로 일어난 것, 있는 그대로의 것'을 뜻한다면, 진실은 '참되고 바른 것, 은폐하거나 왜곡하지 않은 것'을 뜻한다. 사실이 실제와의 부합에 초점이 있다면, 진실은 정직성이나 올바름에 초점이 있다.

㉮ 그가 남의 물건을 훔쳤다는 것은 사실이 아니다.
㉯ 내가 그를 미워한다는 것은 진실이 아니다.

㉮와 ㉯의 문장은 어떤 일이나 행위가 거짓임을 표명한 것이라는 점에서 같다. 그렇지만 ㉮는 훔친 행위가 실제

로 일어나지 않았음을 진술한 것이고, ㉯는 미워한다는 생각이 왜곡되어 참되지 않음을 진술한 것이다. 전자의 진술이 객관적 판단(사실 판단)이라면, 후자의 진술은 주관적 판단(가치 판단)이라 할 수 있다. 사실이 증거를 통해 검증될 수 있는 반면, 진실은 믿음이나 인식, 가치관 등에 기초하므로 진위가 분명치 않을 수 있다.

한편 사실이 특별한 형태로 쓰일 때에는 위의 기본 의미가 달라지기도 하는데, 이 경우에는 사실을 진실로 바꿀 수 없다.

㉰   그는 무일푼이라는 사실을/진실을 감추고 결혼했다.

㉱   사실/진실, 그 소식을 듣고 얼마나 마음이 아팠는지 모른다.

㉰의 사실은 '-다는/-라는 사실'의 꼴로 쓰여 그런 '일'이나 '것'의 뜻을 나타내며, ㉱의 사실은 부사로 쓰여 '실제로', '솔직히'의 뜻을 나타낸다. ㉱의 사실은 '사실은', '사실 말이지'의 꼴로 변형되어 쓰이기도 한다.

그런가 하면 사실이 법률 용어로 쓰이는 경우, 소송 등에서 법률 적용의 전제가 되는 사건 내용의 실체를 뜻하기도 한다. 가령 허위 사실 유포죄에서 '허위 사실'이란 '허위 내용을 담은 말이나 정보'를 뜻한다.

상상과 공상

'공상'과 '상상'은 잡념과 사색의 중간 지대에서 또 다른 기능을 한다. 그것은 잡념처럼 자유롭지만 어지럽지 않고, 사색처럼 골똘하지만 냉철하지 않다. 오직 직관적이고 감성적이다. 사색과 사유가 지적 영역을 넓혀 왔다면 상상과 공상은 창조적 영역을 확장해 왔다. 문명의 찬란한 광휘는 이 둘의 상호 작용에 의해 일구어진 것이다.

그렇다면 상상과 공상은 서로 어떻게 같고 다른가? '공상'은 현실에 있지 않은 것을 생각하는 것이라는 점에서 '상상'과 같지만, 실현 가능성이 상대적으로 낮다는 점에서 '상상'과 구별된다.

㉮ 엉뚱한 상상/공상, 쓸데없는 상상/공상
㉯ 자신의 미래에 대해 상상의/공상의 날개를 펴다.
㉰ 예술적 상상을/공상을 키우다.

상상과 공상은 둘 다 엉뚱할 수도 있고 아무짝에도 쓸

모없을 수도 있지만(㉮의 경우), 상상은 공상보다 훨씬 더 창조적이고 생산적일 수 있다(㉯와 ㉰의 경우). 복권이 당첨되어 벼락부자가 되기를 바라는 것은 공상일 수도 있고 상상일 수도 있다. 하지만 열심히 일하면서 희망찬 미래를 머릿속으로 그리는 일은 공상이라기보다 상상에 해당할 것이다. 또 예술 작품을 창작해 내기 위해 참신한 생각을 떠올리는 것 역시 공상보다는 상상에 가까울 터이다.

㉯ 그는 하는 일 없이 공상에/상상에 빠져 지냈다.

㉰ 지수는 그와 행복한 가정을 이루는 상상에/공상에 잠기곤 했다.

㉯의 경우라면 공상이든 상상이든 모두 부질없는 것일 수 있지만, 좀 더 막연하고 종잡을 수 없는 것은 공상 쪽이다(㉯의 경우). 백수건달이 방구석에 처박혀 온갖 비현실적인 생각을 떠올리고 있다면 그 생각은 상상이라기보다 공상임이 분명하다. 그런가 하면 사랑하는 이와 결혼해서 행복하게 사는 것을 머릿속으로 그리는 행위는 공상보다는 상상이라고 하는 것이 더 적절하다(㉰의 경우). 물론 그 사랑이 도저히 이룰 수 없는 꿈이라면 공상일 수도 있겠지만.

ⓑ 나는 공상/상상 과학 영화를 즐겨 본다.

ⓢ 인공 지능 로봇의 등장은 더 이상 공상이/상상이 아니다.

공상은 비록 비현실적인 생각을 가리키지만 그렇기 때문에 오히려 소설, 영화, 만화 등의 소재가 되기도 한다. 얼핏 허무맹랑해 보이지만 가상의 유사 과학을 토대로 하여 공상적 미래를 묘사한 것이 공상 과학 소설·영화·만화이다(ⓑ의 경우). 인공 지능 로봇은 불과 얼마 전만 해도 공상 과학 영화에서나 가능한 것이었는데, 오늘날 현실화 단계에 접어들어 더 이상 터무니없는 공상만은 아니게 되었다(ⓢ의 경우).

한편 '상상력'은 가능하지만 '공상력'은 불가능하고, '공상가'는 가능하지만 '상상가'는 불가능하다. 곧 상상은 공상과 달리 능력을 뜻하는 '-력'力과 결합할 수 있으며(풍부한 상상력을 발휘하다), 공상은 상상과 달리 능하거나 잘하는 사람을 뜻하는 '-가'家와 결합할 수 있다(그는 꿈 많은 공상가였다).

설렁탕과 곰탕

현진건은 단편 소설 「운수 좋은 날」(1924)에서 가난의 질곡이 빚어내는 비극적 아이러니를 탄탄한 필치로 그린 바 있는데, 소설 전개에서 설렁탕이 도시 하층민의 소박한 소망을 표상하는 대상물로 활용된다. 인력거꾼 김 첨지는 그날따라 이상하리만큼 영업이 잘돼 병든 아내가 그렇게 먹고 싶어 하던 설렁탕을 사 들고 집에 돌아왔으나 천만뜻밖에 아내의 주검과 맞닥뜨리게 된다. 김 첨지는 죽은 아내 앞에서 비통한 마음으로 넋두리를 늘어놓는다. "설렁탕을 사다 놓았는데 왜 먹지를 못하니, 왜 먹지를 못하니…… 괴상하게도 오늘은! 운수가 좋더니만……."

1920년대 서울 지역의 풍경을 사실적으로 묘사하고 있는 이 소설은 의도치 않게 설렁탕이 서민들에게 어떤 음식이었는지 보여 준다. 병든 아내가 "사흘 전부터 설렁탕 국물이 마시고 싶다고 남편을 졸랐다."라는 문장이 시사하듯, 설렁탕은 서울의 서민층에게 꽤 인기 있는 음식 메뉴였던 것으로 보인다.

㉮ 직원들이 점심때에 '설렁탕'이나 '냉면' 같은 음식을 시켜다가 먹으면 그 배달하는 사람이 누추하다는 이유로 음식을 들여오지 못하게 하여……(『동아일보』 1924. 9. 12.)

㉯ '탕반' 하면 대구大邱가 따라붙는 것처럼 '설렁탕' 하면 서울京城이 따라붙는다.(『동아일보』 1926. 8. 11.)

㉰ 확 끼치는 누린내를 맡으면 소위 일국의 수도라는 서울에도 저런 더러운 음식이 있으며 저것을 그래도 누가 먹나 하고 코를 외로 저을 것이다.(『별건곤』 1929. 9.)

앞의 신문·잡지 기사에서 보듯, 소의 누린내가 심했던 설렁탕은 그다지 품위 있는 음식은 아니었지만 은근히 중독성이 있어 1920년대에 서울을 대표하는 음식으로 자리 잡아 가고 있었던 것으로 판단된다.

'설렁탕'은 소머리, 사골, 도가니, 사태고기, 양지머리, 내장 따위를 물에 넣고 푹 고아서 만든 음식을 가리킨다. 보통 10여 시간을 고는데, 도중에 사태고기·양지머리·소머리 등은 적당한 시간에 건져 올려 편육으로 썰어 놓았다가 이것을 국물 위에 얹은 뒤 국수와 밥을 넣어 말아 먹는다. 간은 소금으로 맞추는데 맛을 돋우기 위해 후추와 파를 넣는다. 얼큰한 맛을 내기 위해 다대기(순화어로는 '다진 양념')를 더 넣기도 한다. 설렁탕 국물은 뽀얀 빛깔을 띠는데, 그 이유는 사골을 푹 고는 과정에서 우러나오는 콜라겐 성분 때문이다. 일부 설렁탕집에서는 뽀얀 빛깔을 내기 위해 사골을 고는 대신에 커피 크림이나 전지분유를 사용하여 사회 문제가 되기도 했다.

'곰탕'은 소고기와 소의 내장을 물에 넣고 푹 끓인 음식을 가리킨다. 양지머리, 사태고기, 양(소의 위), 곱창 등을 파, 마늘, 무와 함께 무르게 푹 끓인 뒤 건더기는 건져 내어 먹기 좋은 크기로 썰어서 양념하여 다시 국에 넣어 끓인다. 이 음식을 '곰국'이라고 부르기도 하는데, 혹자는 밥을 말지 않은 것을 곰국, 밥을 만 것을 곰탕으로 구별하기도 한다. 혹은 일반 가정에서 끓인 국을 곰국, 음식점에서 국에 밥을 말아 파는 음식을 곰탕이라 부르기도 한다.

곰탕은 얼핏 설렁탕과 유사하여 두 음식을 혼동하기도 하는데, 전자는 뼈를 우려낸 뽀얀 국물 음식, 후자는 고기를 우려낸 말간 국물 음식으로 그 차이를 들기도 한다. 그러나 이런 구별법이 절대적인 것은 아니다. 조선 말기의 조리서인 『시의전서』是議全書에는 '고음국'(곰국의 이표기)

이 다리뼈·사태·도가니·꼬리·양·곤자소니·전복·해삼 등을 넣고 끓인다고 되어 있는 것으로 보아 일찌감치 두 음식의 경계가 흐릿했던 것으로 보인다. 전라도 나주 지역을 근거지로 하는 나주 곰탕처럼 소고기만으로 우려낸 전형적 곰탕도 있지만, 대구 달성군 현풍읍의 현풍 곰탕처럼 소꼬리와 양지머리, 우족, 양 등을 넣어 만든 곰탕도 있어 설렁탕과의 구별이 쉽지 않다.

한편 설렁탕의 어원에 대해서는 크게 두 가지 설이 널리 알려져 있다. 그 하나는 선농단 기원설이다. 선농단이란 조선의 임금이 풍년을 기원하기 위해 제사를 지내던 제단으로, 매년 경칩 후 해일亥日에 제사를 지낸 뒤에 소를 잡아서 큰 솥에 국을 끓여 많은 사람이 함께 밥을 말아 먹었는데 그 국을 '선농탕'先農湯이라 하였고, 그 말이 변하여 설렁탕이 되었다는 설이다. 다른 하나는 몽골어 차용설이다. 고기를 푹 삶은 국을 중세 몽골에서 '슐런'이라 불렀는데, 슐런에 탕을 붙인 '슐런탕'이 음운 변화를 거쳐 설렁탕이 되었다는 것이다. '선농탕'과 '슐런탕'이 문증된 바 없고, 발음 변화에 대한 설명도 명쾌하지 않아 둘 다 학문적으로 충분히 검증되었다고 보기는 어려우나, 현재 학계에서는 몽골어 차용설을 더 지지하는 듯하다.

곰탕은 '고다'(고기나 뼈 따위를 진액이 나오도록 물에 오래 끓이다)에서 온 어근 '고-'에 명사 파생 접사 '-ㅁ'과 한자어 '탕'湯이 결합하여 만들어진 말이다.

성욕과 정욕과 욕정

말을 하거나 글을 쓸 때 의미는 같은데 상황에 따라 형태가 다른 단어를 사용하는 경우가 있다. 가령 해와 태양, 똥과 대변, 날개와 나래 등은 각각 동일한 대상을 가리킨다는 점에서 의미는 같으나 사용하는 상황이 다른 말이다. 전자가 일상어라면 후자는 전문어이거나 완곡어이거나 문학어이다. 천체 과학에 관한 글에서는 '해'보다는 '태양'이 더 적절하고, 점잖은 자리라면 '똥'보다는 '대변'이라고 말하는 것이 더 어울리며, 시에서라면 '날개'보다 '나래'가 더 감칠맛 나게 다가올 수 있다. 이처럼 한 언어에는 개념은 같으나 사용하는 상황이 다른 말이 수없이 존재한다.

'성욕'과 '정욕'과 '욕정'의 경우도 위의 예와 비슷한 경우에 해당한다. 다른 점이 있다면 셋 다 일상어이라는 사실이다. 단어들에 대한 『표준국어대사전』의 뜻풀이를 보자.

- 성욕: 성적 행위에 대한 욕망.
- 정욕: 이성의 육체에 대하여 느끼는 성적 욕망.

- 욕정: 이성에 대한 육체적 욕망.

위 풀이는 비록 조금씩 다른 문장으로 기술되어 있지만, 결국 모두 섹스에 대한 욕구를 뜻한다는 점에서 사실상 같다. 그러나 세 단어는 주로 쓰이는 상황이 미묘하게 다르다.

㉮ 과음을 자주 하면 성욕이 감퇴하고 발기 부전이 초래될 수 있다.

㉯ 오직 주 예수 그리스도로 옷 입고 정욕을 위하여 육신의 일을 도모하지 말라.(「로마서」 13:14)

㉰ 숨을 몰아쉴 때마다 연민과 욕정을 동시에 불러일으키던 마른 어깻죽지가 가늘게 들먹이고 있었다.(박영한, 『인간의 새벽』, 1986)

위에서 보듯 '성욕'은 성 의학서나 성교육 지침서에, '정욕'은 종교 서적이나 수신서修身書에, '욕정'은 문학 작품에 쓰일 때 가장 적확한 표현의 묘를 얻는다. 그렇다고 이 단어들이 그 같은 영역 바깥에서 절대 쓰일 수 없다는 뜻은 아니다. 영역보다 중요한 것은 문맥이다. 성욕은 중립적인 문맥에서, 정욕과 욕정은 부정적인 맥락에서 주로 쓰인다. 성욕에는 도덕적 판단이 유보되거나 배제되어 있지만, 정욕과 욕정에는 도덕적 관념이 묻어 있다. 성욕은 본능적 충동으로서의 객관적 현상이고, 정욕과 욕정은 절제하고 삼가야 하는 감정적 현상이다. 이런 특성 때문에 성 문제를 다루는 글이나 성 범죄 사건을 보도하는 기사문에서는 성욕이 쓰일 가능성이 높고, 성인이나 종교의 가르침을 베푸는 글에서는 정욕이나 욕정이 쓰일 가능성이 높다.

한편 욕정이 성욕이나 정욕과 다른 점은 상황의 구체성에 있다.

㉣ 건강한 성인이 성욕을 느끼는 것은 자연스러운 현상이다.

㉤ 육신의 정욕에 사로잡히면 도덕적 파국을 초래할 수도 있다.

㉥ 그는 치밀어 오르는 욕정을 억제하기 어려웠다.

대체로 성욕과 정욕이 일반적·추상적 상황에서의 심리를 나타내는 반면, 욕정은 구체적 상황에서의 심리를 나타낸다. 더 나아가 욕정에는 도덕적 힐난이 없기도 한다.

세상과 세계

세상은 사람들이 어우러져 살아가는 크고 너른 마당이다. 물고기에게 물이 생존 환경이듯 사람에게 세상은 생존 환경이다. 사람은 세상으로부터 한 걸음도 벗어날 수 없다. 관용구 '세상을 떠나다'의 의미가 '죽다'일 수밖에 없는 것은 그래서다. 사람은 세상에 태어나서 세상을 살다가 세상을 떠난다.

어떤 사람은 때로 세상을 등지기도 하고 세상과 떨어져 살기도 한다. 다른 사람과 부대끼며 사는 게 싫어서 깊은 산속에서 홀로 살아가거나 종교적 수행을 위해 속된 세상과 거리를 두기도 한다. 하지만 세상과의 완벽한 단절은 불가능하다. 언젠가는 산에서 내려와야 하고 속된 세상과 만나야 한다.

'세상'이 모든 사람들이 함께 살아가는 드넓은 곳을 추상적·주관적으로 이르는 말이라면, '세계'는 지구 전체의 공간을 명시적·객관적으로 이르는 말이다. 곧 세계는 지구상에 존재하는 모든 나라나 인류 전체를 가리킨다.

㉮　세상에서/세계에서 가장 살기 좋은 곳.

㉯　세상/세계 곳곳을 돌아다니다.

　　세상과 세계 모두 크고 넓은 곳이지만, 범위나 영역의 면에서 세상은 막연하고 주관적인 성질을 띠는 반면, 세계는 명확하고 객관적인 성질을 띤다. 자기가 사는 동네를 '세상에서 가장 살기 좋은 곳'이라 할 수는 있지만 세계에서 가장 살기 좋은 곳이라고 하기는 어렵다. 반면에, 어떤 객관적 데이터(예컨대 복지 수준 따위)에 근거해 말할 때에는 '세상에서 가장 살기 좋은 곳'보다는 '세계에서 가장 살기 좋은 곳'이 더 적확해 보인다. 또 '세계 곳곳'은 지구상의 많은 나라를 명시적으로 가리키지만, '세상 곳곳'은 많은 나라일 수도 있고 막연히 넓은 범위의 이곳저곳일 수도 있다. 아는 사람을 뜻밖의 장소에서 만났을 때 "야, 세상 참 좁네."라고 말할 수는 있어도 "야, 세계 참 좁네."라고 말할 수는 없다. 이때의 '세상'은 활동 범위나 공간을 주관적으로 이르는 말이다.

　　세상은 수많은 사람이 관계를 맺고 살아가는 사회나 그 사회의 속성을 가리킬 수 있으나 세계는 그럴 수 없다.

㉓ 세상이/세계가 너무 불공평하다.

㉔ 그는 나이가 마흔인데도 세상을/세계를 정말 모른다.

흙수저로 태어난 사람이 뼈 빠지게 일해도 가난의 질곡에서 헤어나기 어려울 때 무위도식하는 금수저를 바라보면서 하는 말이 있다. '세상이 불공평하다'는 푸념이다. 이 경우 세상은 장소의 의미를 잃고 인간 사회나 그 사회의 속성 및 생리라는 추상적 의미를 띤다. '세상을 모른다'고 할 때도 다르지 않다. 어떤 사람이 남의 말만 믿고 사업에 뛰어들었다가 전 재산을 날렸다면 그는 세상을 모르는 사람이다. 세상을 모른다는 말은 사회의 속성이나 실상을 모른다는 말과 같다.

그런가 하면 세계는 사물의 한정된 영역, 또는 그 영역에 있는 사물의 성질을 가리킬 수 있으나 세상은 그럴 수 없다.

㉕ 직업의 세계/세상

㉖ 동물의 세계/세상

㉗ 동심의 세계/세상

직업의 세계는 어떤 직업의 영역이나 그 직업이 가지는 특성을 뜻하고, 동물의 세계는 어떤 동물의 영역이나 동물이 보이는 기질이나 생태를 뜻하며, 동심의 세계는 동심의 영역이나 동심의 속성을 뜻한다.

한편 세상은 부사적으로도 쓰일 수 있으나 세계는 그럴 수 없다.

⑳ 일 끝내고 푹신한 침대에 누워 있으니 세상/세계 편하다.

㉑ 아무리 말려도 세상/세계 말을 들어 먹어야지.

⑳에서 세상은 '비할 바 없이', ㉑에서는 '도대체'의 뜻을 나타낸다.

속담과 격언과 명언

장황한 말보다 짤막한 한마디가 더 가슴을 칠 때가 있다. 또 직설적인 말보다 에둘러 이르는 말이 더 강한 설득력을 가지기도 한다. "사공이 많으면 배가 산으로 올라가는 법!"이라는 촌평이 남의 일에 간섭하는 것이 헛된 일임을 구구히 설명하는 것보다 훨씬 더 호소력을 띨 수도 있고, "똥 묻은 개가 겨 묻은 개 나무란다."라는 일갈이 남의 흉을 보지 말라며 대놓고 충고하는 것보다 오히려 더 따끔할 수도 있다. 속담이 가진 촌철살인의 마력이다.

'속담'은 삶에 대한 교훈이나 깨달음 등을 담거나 어떤 대상을 풍자하는 짤막한 말로, 오랜 시간에 걸쳐 사람들 사이에 전해져 온 것을 가리킨다. 속담은 교훈이나 풍자를 담되, 직핍하지 않고 절묘한 수사적 장치를 이용하곤 한다. 비유나 해학, 의표를 찌르는 표현이 그것이다. "갈치가 갈치 꼬리 문다."(같은 무리나 친족 간에 서로 싸운다)에는 신선한 비유가 있고, "낫 놓고 기역 자도 모른다."(기역 자 형태의 낫을 앞에 두고도 기역 자를 모를 만큼 무식하다)

에는 웃음을 유발하는 해학이 들어 있으며, "등잔 밑이 어둡다."(밝은 등잔불 밑이 도리어 어둡다는 말로, 제 일을 제가 모른다는 뜻)에는 의표를 찌르는 경이로움이 있다.

뜻은 같지만 표현이 조금씩 변용되는 경우가 많은 것도 속담의 특징 중 하나다. 가령 "똥 묻은 개가 겨 묻은 개 나무란다."는 "가랑잎이 솔잎더러 바스락거린다고 한다.", "그슬린 돼지가 달아맨 돼지 타령한다.", "뒷간 기둥이 물방앗간 기둥을 더럽다 한다.", "가마 밑이 노구솥 밑을 검다 한다.", "숯이 검정 나무란다.", "허청 기둥이 측간 기둥 흉본다." 등으로 변형되어 쓰이기도 한다. 이는 속담이 오랜 세월에 걸쳐 사람들의 입에서 입으로 전해지면서 창조적으로 바뀌거나 응용된 결과라 할 수 있다.

속담에는 또한 말의 재미와 유희, 운율과 리듬이 있다. "망할 놈 나면 흥할 놈 난다."에서는 '망할 놈/흥할 놈'과 '나면/난다'의 대구적 리듬이 재미있고, "미주알고주알 밑두리콧두리 캔다."에서는 '미주알/고주알', '밑두리/콧두리'의 각운이 주는 말놀이가 즐겁다. 그런가 하면 "부처님 가운데 토막.", "돈만 있으면 처녀 불알도 산다."의 경우에는 거침없는 비속어가 도리어 친근하고 정답기까지 하다. 속담이 지식층의 추상적·관념적 언어가 아니고 서민들의 솔직하고 발랄한 언어임을 잘 보여 주는 대목이라 할 수 있다.

'격언'은 인생의 교훈이나 지침이 될 만한 어구나 문장을 가리킨다. 삶의 지혜를 일깨워 준다는 점에서 속담과 겹치는 면이 많다. 금처럼 귀한 말이라고 하여 금언金言, 삶에 대한 경계를 담은 어구라고 하여 경구警句, 바늘처럼 날카롭게 찌르는 말이라 하여 잠언箴言이라고도 한다. "시작이 반이다.", "천 리 길도 한 걸음부터.", "티끌 모아 태산." 등은 교훈을 담고 있다는 점에서 격언이기도 하고 속담이기도 하다. 그에 반해 "시간은 금이다.", "펜은 검보다 강하다.", "노동은 신성하다." 등은 격언이기는 하지만 속담이라 하기는 어렵다. 격언은 속담에 비해 지적이고 더 명징하지만 말의 재미나 유희적 특성이 덜하다. 또 '똥 묻은 개' 유형의 창조적 응용도 격언에서는 찾아보기 어렵다.

속담은 교훈을 담지 않을 수도 있지만 격언은 그러기 어렵다. 가령 "대낮에 도깨비에 홀렸나."(도무지 이해가 안 되는 일을 당했다)나 "대가리에 쉬슨 놈."(어리석고 둔한 사람)의 경우는 속담일 뿐 격언이라고 할 수 없다.

한편 '명언'은 세상에 널리 알려진 말로, 일반적으로 유명인의 말을 가리키는 경우가 많다. 대개의 경우 심오한 뜻이나 의미 있는 진실을 담고 있어 곱씹어 볼 만하지만 격언처럼 반드시 교훈이 담겨 있어야 하는 것은 아니다. "왔노라, 보았노라, 이겼노라."(카이사르), "나는 생각한다, 고로 존재한다."(데카르트), "신은 죽었다."(니체), "그래도 지구는 돈다."(갈릴레이) 등을 예로 들 수 있다.

솔직과 정직

'솔직'과 '정직'은 둘 다 거짓이 없는 상태를 가리킨다. '거짓'이 말이나 행동이 사실이나 실제와 일치하지 않는 상태를 말하는 것이라면, '거짓 없음'은 언행이 사실 그대로이거나 실제와 부합하는 것을 뜻한다. 그렇지만 두 단어는 거짓 없음이라는 의미의 공통점에도 불구하고 서로 다른 맥락에서 차이를 나타내곤 한다.

㉮ 그는 자신의 연애담을 다른 사람들 앞에서 솔직하게/정직하게 털어놓았다.

㉯ 글은 솔직하게/정직하게 써야 공감을 얻을 수 있다.

위의 예에서 '솔직하게'는 '감추지 않거나 꾸미지 않고 사실 그대로'의 뜻을 나타낸다. 감추지 않는다는 것은 부끄러움이나 쑥스러움을 무릅쓰고 공개한다는 것을 의미하고, 꾸미지 않는다는 것은 그럴듯하게 덧붙이거나 부풀리지 않는다는 것을 의미한다. 곧 연애담을 솔직하게 털어놓는다는 것은 자신의 은밀한 개인사를 감추지 않고 공개하는 것을 의미하고(㉰의 경우), 글을 솔직하게 쓴다는 것은 자신이 겪은 일을 꾸미거나 부풀리지 않고 사실대로 서술하는 것을 의미한다(㉱의 경우). 이때 '정직하게'가 어색한 것은 그것의 의미가 단지 거짓 없음 또는 사실 그대로인 상태에 그치지 않기 때문이다.

㉲ 그는 공직자로서 평생을 청렴하고 정직하게/솔직하게 살아왔다.

㉳ 선생님은 창호의 정직한/솔직한 행동을 크게 칭찬하셨다.

정직은 거짓 없음에 더해 규범성을 함의한다. 사람으로서의 도리를 따라야 하고 사회 윤리를 벗어나지 않아야 비로소 정직하다 할 수 있다. 공직자로서 부정한 청탁이나 뇌물을 받지 않았다면 정직하게 살아왔다고 할 만하고(㉲의 경우), 창호가 길에 떨어진 귀중품을 주워 경찰서에 갖다주었다면 그는 정직한 행동을 했다고 할 만하다(㉳의 경우). ㉲의 경우에 '솔직하게'가 될 수 없고 ㉳의 경우에 '솔직한'이 될 수 없음은 솔직이 규범성의 뜻을 담고 있지 않기 때문이다.

⑩   그는 참 솔직한 사람이다.
⑭   그는 참 정직한 사람이다.

솔직한 사람은 어떤 사람인가? 좋은 건 좋다 싫은 건 싫다고 말하는 사람, 주위 사람의 눈치를 살피지 않고 있는 그대로 말하는 사람, 자기의 감정과 생각을 개방적으로 드러내는 사람이라면 참 솔직한 사람이라고 할 수 있다(⑩의 경우). 정직한 사람은 어떤 사람인가? 옳은 건 옳다 그른 건 그르다고 말하는 사람, 자기에게 불이익이 있더라도 옳은 길을 가는 사람, 말과 행동이 일치하는 사람이라면 참 정직한 사람이라고 할 수 있다(⑭의 경우). 솔직한 사람과 정직한 사람이 같은 사람일 수는 있지만, 솔직한 사람이 반드시 정직한 사람은 아니며, 거꾸로 정직한 사람이 반드시 솔직한 사람인 것은 아니다.

㉯   넌 너무 솔직해서 탈이야.
㉰   넌 너무 정직해서 탈이야.

솔직함이 지나쳐서 탈이 되는 경우도 있기 마련인데, 자기감정에 충실한 나머지 상대방의 마음에 상처를 주거나 너무 눈치가 없어서 분위기를 망치는 수가 있음을 두고 이르는 말이다(㉮의 경우). 정직함이 지나쳐서 탈이 되는 경우도 있는데, 원칙만을 고집하여 답답하거나 도덕적 당위만을 중시하여 손해를 보는 수가 많음을 두고 이르는 말이다(㉯의 경우).

예외적으로 정직이 규범의 의미를 담고 있지 않은 경우도 있다.

㉱ 몸은 정직하다/솔직하다.
㉲ 대변은 정직하다/솔직하다.

매일매일 꾸준히 운동을 한 결과 몸이 좋아졌을 때, 혹은 많이 먹어서 살이 쪘을 때 '몸은 정직하다'라고 표현하기도 하고(㉱의 경우), 대변의 굵기나 색깔은 건강 상태를 나타낸다는 점에서 '대변은 정직하다'라고 표현하기도 한다(㉲의 경우). 이 경우 '정직하다'는 대상이 어떤 상태를 있는 그대로 드러내는 상태에 있다는 뜻을 나타낸다.

수술과 시술

　누구나 살아가는 동안 한두 번쯤 수술을 경험해 보기 마련이다. 물론 염라대왕의 호출을 받을 때까지 몸에 칼 한 번 대 보지 않은 행운아도 있겠지만 말이다. 불과 200년 전만 해도 수술은 끔찍한 고문에 가까웠다. 몸을 가르고 자르는 수술 현장은 유혈이 낭자하고 고막을 찢는 비명으로 뒤덮이기 일쑤였다. 마취 없이 수술이 이루어졌기 때문이다. 천신만고 끝에 수술을 마치더라도 사망률이 매우 높았다. 비위생적인 수술 환경으로 인해 상처가 세균에 감염되어 패혈증을 일으키는 경우가 많았으므로.

　현대적 의미의 외과 수술이 가능해진 것은 마취와 소독의 도입 덕분이다. 에테르나 클로로포름과 같은 마취제가 처음 개발된 것은 19세기 중반으로, 이후 환자는 국부 또는 전신 마취를 통해 고통 없이 수술을 받을 수 있게 되었다. 또한 비슷한 시기에 석탄산으로 환부를 소독하는 방법이 개발되었고, 그 뒤 더욱 발전된 멸균법에 의해 무균 상태의 수술 환경을 조성할 수 있게 되어 사망률을 크게 낮추었다.

'수술'은 병이나 외상을 치료하기 위해 피부나 점막, 장기, 뼈 등을 의료용 칼, 가위, 핀셋, 톱, 바늘 등의 기구로 째거나 자르거나 긁어내거나 이어 붙이는 일을 가리킨다. 수술을 분류하자면, 분야에 따라 일반 외과 수술, 정형 수술, 성형 수술 등이 있고, 방법이나 목적에 따라 교정 수술, 이식 수술, 접합 수술, 절제 수술, 재건술 등이 있으며, 도구나 수단에 따라 내시경 수술, 레이저 수술, 로봇 수술, 방사선 수술 등이 있다.

'시술'은 수술에 비해 개념이 다소 모호하다. 『표준국어대사전』에 따르면 "의술이나 최면술 따위의 술법을 베풂. 또는 그런 일."이다. 이 정의만으로는 의술을 베푼다는 말의 의미가 명확하지 않다. 가령 내과 의사가 환자의 증상을 살핀 후 약을 처방하는 경우, 그 행위를 시술이라 부를 수 있는지 의문스럽다. 또한 수술과 어떻게 다른지도 불분명해 보인다. 말뭉치를 뒤져 보면 '낙태 시술, 불임 시술, 유방 확대 시술' 등이 검색되는 것으로 보아 수술과 거의 같은 의미로 쓰이는 것도 같다. 그러나 일반적으로는 소규모의 가벼운 수술을 가리키는 경향이 있다. 특히 미용 목적의 성형 수술을 포함한 간단한 외과 수술을 시술이라고 부르는 경우가 많다(흉터 시술, 쌍꺼풀 시술, 보톡스 시술, 리프팅 시술 따위). 이런 의미의 시술은 비교적 시간도 오래 걸리지 않고 회복도 빠른 편이라고 할 수 있다.

그런가 하면 시술은 물리치료나 침 치료와 같은 비수술적 의료 행위를 가리키기도 한다. 전기로 신경이나 근육에 자극을 주는 전기 치료, 핫 팩이나 얼음 팩 등을 이용하는 온열 치료나 한랭 치료, 경혈에 침을 놓거나 뜸을 뜨거나 하는 한방 치료도 시술이라고 불린다. 안마사가 안마나 지압으로 몸의 상태를 회복시키는 행위나 최면술사가 최면 요법을 실시하는 일도 준의료 행위라는 점에서 시술이라고 할 수 있다. 근자에는 미용 영역에서도 시술이라는 용어를 쓴다. '문신 시술, 염색 시술'이나 "네일 아트는 대중적인 미용 시술로 자리 잡았다."와 같은 예가 그것이다.

수술은 시술과 부분적 동의어이면서, 시술과 달리 비유적 의미로 확장되어 쓰이기도 한다.

㉮ 공직 사회의 부정부패는 근본적 수술이/시술이 필요하다.

㉯ 정부는 개혁을 위해 사회 각 분야에 걸쳐 일대 수술을/시술을 단행할 계획이다.

앞의 예에 나타난 수술은 비유적으로 쓰인 것으로, 어떤 사회나 조직, 제도 등의 문제나 결함 등을 바로잡아 고치는 일을 가리킨다.

수치와 치욕과 굴욕

부끄러움은 어디서 오는가? 그 연원은 타자의 시선에 있다. 더 정확히는 내 은밀한 모습을 바라보는 타자의 시선을 인지하는 데 있다. 보이고 싶지 않은 자기 모습을 누군가가 지켜보고 있다고 느끼는 순간, 얼굴은 저절로 홧홧하게 달아오른다. 감추고 싶었던 자신의 정체가 드러나거나, 위신과 체면이 사람들 앞에서 속절없이 무너지거나, 자신의 허물이 세상에 낱낱이 드러나거나 했을 때 우리는 부끄러움에 사로잡힐 수밖에 없다. 모든 부끄러움 속에는 차가운 타자의 시선이 어김없이 작동한다.

'수치'와 '치욕'과 '굴욕'은 타인의 시선을 의식하면서 느끼는 감정이라는 점에서 모두 부끄러움을 함의하고 있다. 하지만 세 단어는 부끄러움의 질감에서 미세한 차이를 보인다.

㉮ 그 배우는 레드 카펫 위에서 넘어졌을 때 수치를/치욕을/굴욕을 느꼈다.

ⓝ 길거리에 쓰레기를 버리는 건 문화인의 수치예요/치욕이에요/굴욕이에요.

ⓓ 넌 집안의 수치야/치욕이야/굴욕이야.

화려하게 차려입고 행사장 레드 카펫 위를 늠름하게 걷던 배우가 발을 헛디뎌 넘어지면 그 순간 엄습하는 감정은 치욕이나 굴욕이라기보다는 수치라 할 수 있다(ⓐ의 경우). 다른 사람이 보지 않는다고 길거리에 쓰레기를 함부로 버린다면 이는 문화인의 수치라고 할 수 있지만 문화인의 치욕이나 굴욕이라고 하기는 어렵다(ⓝ의 경우). 그런가 하면 10대 아들이 허구한 날 싸움박질이나 하고 다닌다면 부모가 느끼게 될 감정 역시 치욕이나 굴욕이 아닌 수치이다(ⓓ의 경우). 사람은 누구나 사람들 앞에서 당당하거나 떳떳하거나 기품을 보이고 싶은 심리가 있다. 그런 심리가 충족되지 않거나 훼손되었을 때 수치를 느끼게 된다. 이렇듯 수치는 명예나 위신, 체면, 품위 등이 손상되어 남 앞에서 떳떳하지 못하게 되는 상태를 가리킨다.

치욕이나 굴욕도 남들 앞에서 떳떳지 못한 느낌을 가지는 상태라는 점에서는 수치와 별로 다르지 않다. 다만 치욕과 굴욕은 수치에 비해 욕됨, 모멸감의 의미가 더 추가되는 어감이 있다.

     ㉣ 우리 팀은 상대에게 3전 3패의 치욕을/굴욕을/수치
        를 당했다.
     ㉤ 인조는 청나라 태종 앞에서 무릎을 꿇고 치욕의/굴욕
        의/수치의 눈물을 흘렸다.
     ㉥ 1997년 한국은 금융 위기를 벗어나려고 IMF와 굴욕/
        치욕/수치 협상을 벌여야 했다.

    우리 팀이 상대와 세 번 싸워 세 번 내리 패배했다면,
특히 우리가 최상위 팀이고 상대가 최하위 팀이라면 그 일
은 치욕이나 굴욕을 당했다고 할 수 있으며 수치를 당했다
고 하는 것은 덜 자연스럽다(㉣의 경우). 또 병자호란 때 삼전
도에서 조선의 인조가 청나라 태종에게 항복하면서 무릎
을 꿇으며 흘린 것이 치욕과 굴욕의 눈물일 수는 있지만 수
치의 눈물이라고 하기는 어렵다(㉤의 경우). 수치가 자존심
또는 자긍심의 상실로 인한 부끄러움을 나타낸다면, 치욕
은 그에 더하여 모욕을 느끼는 것을 뜻하고, 굴욕은 상대에
게 굴복하여 모멸감을 느끼는 것을 가리킨다. 곧 수치보다
치욕이나 굴욕이 더 심한 부끄러움을 느끼는 상태를 가리

킨다. 그런가 하면 대한민국은 국가 부도 사태에 직면하여 IMF에 구제 금융을 요청할 수밖에 없었는데, 경제 주권 포기라고 표현될 만한 굴욕 협상을 벌여야 했다(㉥의 경우). 치욕과 굴욕은 구별하기 어려울 만큼 유사한 뜻을 나타내지만, 후자가 모멸감의 뜻을 더 강하게 띤다. 이는 굽힐 '굴'屈이 굴복, 굴종, 비굴 등의 단어에 쓰이는 말이라는 점과도 무관치 않다. '굴욕 협상, 굴욕 외교'가 '치욕 협상, 치욕 외교'보다 훨씬 자연스러운 것은 전자에서 굴복, 굴종, 비굴의 의미를 보다 더 명확히 읽을 수 있기 때문이다.

숲과 수풀

숲길을 걷는 일은 언제나 유쾌하다. 청량한 공기, 부드럽게 밟히는 흙길, 아름다운 새소리, 계곡의 맑은 물소리가 우리의 잠든 오감을 일깨운다. 숲의 공간에서 우리는 잠시나마 정신이 맑아지고 영혼이 정화되는 기쁨을 맛볼 수 있다. 숲 향에 젖어 오롯이 자신과 마주하거나 깊은 사색에 잠기는 일은 얼마나 황홀한 일인가?

숲은 생명의 원천이자 모태이다. 숲에는 온갖 식물뿐 아니라 수많은 동물들이 어우러져 산다. 식물과 동물은 서로에게 깊이 의존하면서 다양한 생태계를 이룬다. 식물은 동물에게 자신의 열매와 잎을 먹이로 제공하고, 동물은 열매의 씨앗을 배설물을 통해 대지에 퍼뜨려 줌으로써 식물의 번식을 돕는다. 그런가 하면 식물이 광합성을 통해 생성해 내는 산소는 동물의 호흡에 없어서는 안 될 물질이 되고, 동물이 호흡을 통해 내뿜는 이산화탄소는 녹색 식물이 광합성을 하는 데 필수적인 물질이 된다. 물론 숲이 늘 상부상조의 평화로운 공간인 것만은 아니다. 식물과 식물, 동물과 동물 간의 치열한 경쟁과 처절한 약육강식이 펼쳐지는 곳이기도 하다. 정글의 법칙 또한 자연의 질서가 아니던가?

'숲'을 사전적으로만 정의하자면, '나무, 특히 큰키나무(교목)가 중심이 되어 우거진 곳'이라 할 수 있다. 만일 관목처럼 키가 작은 나무로만 우거진 곳이 있다면 숲이라 부르기 어렵다. 어느 곳이 숲이 되려면 큰키나무가 중심 세력으로 자리 잡아야 한다. 물론 그곳에 관목과 풀이 함께 자랄 수는 있지만 그것은 부차적인 것이다. 숲에는 다양한 나무들이 자생하기 마련이지만 특정한 나무를 집중적으로 심거나 가꾸기도 한다. 소나무 숲, 자작나무 숲, 미루나무 숲, 편백나무 숲 등이 그것이다.

'수풀'은 두 가지 뜻이 있다. 하나는 숲과 동일한 뜻이고 다른 하나는 '풀이나 키 작은 나무, 넝쿨 따위가 무성하게 자란 곳'이라는 뜻이다. 현대 국어에서 전자의 뜻으로는 그다지 널리 쓰이는 것 같지 않다.

㉮ 수프리 幽僻(유벽)ᄒ니 길히 업도다.(『두시언해』 초 7:16)

㉯ 깊은 산 수풀 속에 밤새 소리는 그윽하고 너른 들 원촌에는 닭의 소리가 꿈속같이 들리는데······(이인직, 『귀

앞의 예처럼 중세나 근대의 문헌에서는 '수풀'이 '숲'과 동일한 뜻으로 사용되었지만, 오늘날에는 그 같은 예가 점점 희소해지는 듯하다. 수풀은 무성하게 자란 풀이나 관목이나 덤불 따위를 가리키는 뜻으로 훨씬 많이 쓰인다.

ⓔ 삵이 먹잇감을 덮치기 위해 수풀/숲 속에 몸을 감추고 있다.

ⓕ 약초꾼들은 무성한 수풀을/숲을 휘적휘적 헤치며 천천히 나아갔다.

ⓖ 드라이버 샷이 수풀에/숲에 깊이 빠지는 바람에 벌타를 받았다.

위의 예에서 수풀은 엄폐물이 되거나(ⓔ의 경우), 길이 없어 헤치고 나아가야 할 대상이 되거나(ⓕ의 경우), 해저드(골프 코스에 난이도를 위해 설치한 장애물)가 될 수 있지만(ⓖ의 경우) 숲은 그런 대상이 될 수 없다.

엄밀하게는 '-수풀'이어야 하지만 관습적으로 '-숲'으로 쓰는 경우가 있다. '풀숲, 갈대숲, 억새 숲, 덤불숲' 등이 그러한데 그렇더라도 그것들의 속성은 숲이 아니라 수풀이다.

한편 숲은 비유적인 의미로 쓰이기도 하는데, '빌딩 숲'(고층 빌딩이 많은 지역)의 경우가 그러하다.

지구의 허파라 불리는 아마존의 숲이 빠르게 파괴되어 가고 있다. 이런 현상은 최근 들어 더욱 가속화되고 있는데, 목재를 필요로 하는 산업이 불법 벌목을 부추김으로써 비롯된 것이다.

승부와 승패

'승부'와 '승패'는 형태와 의미가 매우 흡사하다. 형태상으로 '승'과 '부', '승'과 '패'가 결합한 2음절어라는 점에서, 사전의 의미로는 '이기는 것과 지는 것'(승부), '승리와 패배'(승패)라는 점에서 두 단어는 구별하기 어려울 만큼 닮아 있다. 그렇다면 두 단어는 완전 동의어인가?

㉮ 경기가 끝날 때까지는 아무도 승부를/승패를 알 수 없다.

㉯ 9회 말 홈런으로 승부가/승패가 갈렸다.

두 예문은 승부와 승패가 구별 없이 쓰일 수 있음을 보여 준다. 승부(이기는 것과 지는 것)를 알 수 없다는 말과 승패(승리와 패배)를 알 수 없다는 말 사이에 어떤 차이도 발견하기 어렵다. 승부가 갈렸다는 말과 승패가 갈렸다는 말도 마찬가지다. '이기는 것=승리', '지는 것=패배'라는 점에서 두 단어의 의미는 사실상 같다. 그렇지만 모든 경우에 둘의 쓰임이 같은 것은 아니다.

Ⓧ 김 회장은 이번 사업에 승부를/승패를 걸었다.

Ⓨ 전후반 90분 동안 승부가/승패가 나지 않으면 연장
전을 치른다.

'승부를 걸다'와 '승부가 나다'는 자연스러우나 '승패
를 걸다'와 '승패가 나다'는 왠지 부자연스럽다. 그 이유는
무엇인가? 앞서 든 사전의 의미로는 승부든 승패든 '걸다'
나 '나다'와 딱 맞아떨어지지 않는다. '이기는 것과 지는 것
을 걸다'와 '이기는 것과 지는 것이 나다'도 석연치 않고,
'승리와 패배를 걸다'와 '승리와 패배가 나다'도 아귀가 잘
맞지 않는다. 그런데도 '승부를 걸다'와 '승부가 나다'가 자
연스러운 것은 승부에 '이기는 것과 지는 것'이라는 기본
의미 외에 좀 더 번져 간 의미가 있기 때문이라고 추측할
수 있다.

ⓐ 두 팀은 박빙의 승부를/승패를 벌였다.

ⓑ 그는 승부/승패 근성이 강하다.

박빙의 승부를 벌인다고 했을 때의 승부는 '이기는 것과 지는 것'이라는 정태적 병렬 의미가 아니라 '이기고 지는 것을 겨루는 일'이라는 역동적 의미를 띠고 있다. 승부 근성이 강하다고 했을 때에도 상대와 겨루어 반드시 이기고자 하는 근성이 강하다고 읽어야 의미가 통한다. 그런 점에서 '승부를 걸다'는 '상대(경쟁자나 적수)와 겨루는 일에 모든 것을 걸다'라는 뜻을, '승부가 나다'는 '상대와 겨루어 이기고 지는 문제가 결정이 나다'라는 뜻을 나타낸다고 할 수 있다. 승부의 이러한 예들은 모두 '겨룸'의 의미를 포함하고 있다. 이 같은 의미는 다음과 같은 파생어에서도 확인할 수 있다.

㉛　명승부/명승패, 승부사/승패사, 승부욕/승패욕
㉜　그 배우는 여러 작품에서 개성 있는 연기로 승부했다/승패했다.

승부는 '명名-', '-사士', '-욕欲'과 같은 접사와 결합하여 '명승부'(경기나 게임 등을 멋지게 겨루는 일), '승부사'(겨루는 일에 뛰어난 능력이나 감각을 가진 사람), '승부욕'(겨루어 이기고자 하는 욕심)과 같은 파생어를 만들 수 있고,

'−하다'와 결합하여 '승부하다'(경기, 게임, 싸움, 사업 등에서 어떤 요소를 장점으로 삼아 겨루다)라는 동작 동사를 만들 수 있지만 승패는 그럴 수 없다.

시기와 질투

우리는 흔히 '질투'를 감정 낭비의 치졸한 행위로 치부한다. "오죽 못났으면 그따위 찌질한 감정에 사로잡힌단 말인가?"라고 비웃기도 하고, "내가 지금 질투를 하고 있다고? 말도 안 돼."라며 펄쩍 뛰기도 한다. 하지만 질투는 그렇게 간단하게 무시하거나 부정해 버릴 수 있는 감정이 아니다. 그 누구도 질투로부터 자유로운 사람은 없다.

질투는 사랑을 독점하려는 욕망과 사랑을 잃을지도 모른다는 불안이 뒤섞여 있는 감정이다. 누구나 자신과 사랑하는 사람 사이에 경쟁자가 나타나는 순간 위기를 느끼게 된다. 사랑을 누릴 수 있는 권리와 기회를 경쟁자에게 빼앗길 수 있기 때문이다. 사랑을 지키기 위해 질투와 같은 비상경보를 울릴 필요가 있다.

질투는 일반적으로 부부나 연인 사이에 또 다른 사람(혹은 연적)이 끼어들 때 유발된다(질투 1). 곧 자기가 좋아하는 사람이 다른 사람을 좋아하거나 그에게 호의를 보이거나 할 때 분노하거나 속상해하거나 괴로워하는 것을 가리킨다. "남편은 내가 다른 남자와 이야기만 나누어도 질투를 한다."와 같은 경우가 그 예이다.

질투는 부부나 연인 말고도 가족 간이나 친구 사이에서도 일어날 수 있다(질투 2). 가령 부모가 막냇동생만 편애하거나, 제일 친하다고 생각하는 친구에게 새로운 친구가 생겼을 때에도 질투를 느낄 수 있다. 질투 1과 2는 모두 사랑의 대상자, 사랑을 의심하는 자, 경쟁자의 삼자 관계에서 발생한다.

그런가 하면 질투는 자신이 가지지 못한 능력, 성공, 외모 등을 상대가 가지고 있을 때 속상해하거나 분하게 여기는 것을 가리키기도 한다(질투 3). 질투 3은 갖고 있는 자와 갖고 싶은 자의 양자 관계에서 발생한다는 점에서 질투 1, 2와 대비된다. 또한 질투 1, 2가 사랑에 대한 갈망이 핵심을 이룬다면, 질투 3은 비교 본능이 핵심을 이룬다. 비교 본능이란 남과 자신의 우열을 비교해야만 직성이 풀리는 심리를 가리킨다. 이 본능은 가까운 사람이나 비슷한 처지에 있는 사람에 대해 더 잘 발동된다. 나와 아무 상관이 없는 외국 어느 백만장자의 엄청난 부에 질투를 느끼기보다는 친구나 이웃의 작은 성취에 더 큰 질투를 느낀다. "사촌이 땅을 사면 배가 아프다."라는 속담은 그런 심리를 잘 보여 준다.

그런데 질투 3은 '시기'와 의미가 매우 흡사하여 구별이 잘 안 될 때가 많다.

㉮ 영우는 친구도 많고 공부도 잘하는 찬경이를 질투했다/시기했다.

㉯ 질투가/시기가 나를 성공으로 이끌었다.

'시기'는 상대가 가진 능력, 성공, 외모 등을 부러워하는 심리가 담겨 있다는 점에서 질투와 다르지 않다. 영우가 찬경이의 인기와 능력을 부러워한다는 점에서 그의 마음은 질투일 수도 있고 시기일 수도 있다(㉮의 경우). 하지만 두 단어 사이에는 미묘한 차이가 있다. '질투'가 자기보다 우월한 상대로 인하여 속이 상하거나 언짢은 기분을 느끼는 것을 가리키는 데 비해, '시기'는 상대가 자기보다 우월하다는 사실이 거슬리거나 아니꼬워 상대를 미워하고 싫어하는 것을 가리킨다. 전자는 자신과 상대를 객관적으로 들여다볼 가능성이 있어 자기 성찰에 다다를 수도 있지만, 후자는 오로지 증오심에 매몰되어 자기 성찰에 이를 가능성이 희박하다. 질투에는 자신의 결핍에 주목하는 부정적 질투와 자기 극복에 주목하는 긍정적 질투가 있을 수 있지만, 시기에는 증오로 말미암은 파괴적 행동만이 있을 수 있다. 부정적 질투는 시기의 경우처럼 상대를 괴롭히고 해코지하는 파괴적 행동으로 치닫기도 하나, 긍정적 질투는 타인의 성공을 교훈으로 삼는 건설적 행동으로 바뀔 수 있다. 따라서 질투는 시기와 달리 성공을 이끌어 내는 힘이 될 수 있다(㉯의 경우). 기형도 시인의 시 제목처럼 '질투는 나의 힘'이 될 수 있다.

신문과 심문

일반인에게 법률 용어는 어렵기도 하지만 때로 엇비슷하여 헷갈리기도 한다. 특히 '신문'과 '심문'이 그러하다. 발음도 비슷하고 쓰이는 맥락도 유사하여 혼동하기 일쑤다. 둘은 엄밀히 구별되는 말이므로, 신문이라 할 자리에 심문이라고 하거나 심문이라 할 자리에 신문이라고 하는 것은 명백히 오용이다.

'신문'은 법원이나 수사 기관 등이 어떤 사건에 관하여 피의자나 피해자, 당사자, 증인 등에게 말로 물어서 조사하는 일을 가리킨다. 일반적으로 법정이나 수사 기관에 사건 관련자를 불러서 문답의 방법으로 이루어지는 것이 원칙인데, 경우에 따라 법원이 증인이 있는 곳으로 가서 하거나(소재 신문), 피의자나 증인이 병상에 있을 때 그곳에 가서 하기도 한다(임상 신문). 재판장은 심리審理에 들어가기에 앞서 피고인으로 출석한 사람이 공소장의 피고인과 동일인인지 확인하여야 하는데, 그의 성명·연령·본적·주소·직업 등을 물어서 확인하는 일을 인정 신문이라고 한다.

그 밖에는 증인 신문, 교차 신문, 주신문, 반대 신문, 유도 신문 등이 있으며, 그 내용은 다음과 같다. 증인 신문은 증인에 대하여 말로 질문하고 말로 응답을 들어서 증거 자료를 얻는 신문을 가리킨다. 교차 신문은 증인 신문을 할때 증인을 신청한 당사자가 먼저 신문하고 상대방 당사자가 이어서 신문하는데, 이처럼 서로 교대로 행하는 방식의 신문을 가리킨다. 주신문은 증인 신문을 신청한 자가 행하는 최초의 신문을 뜻하고, 반대 신문은 주신문이 끝난 뒤에 반대 측 당사자가 증인의 증거력을 떨어뜨리기 위해 증인을 상대로 행하는 신문을 뜻한다. 유도 신문은 신문하는 사람이 어떤 답변을 하도록 증인에게 암시함으로써 증인의 대답을 유도하는 일을 가리키는데, 주신문에서는 원칙적으로 금지되나 반대 신문에서는 허용된다.

'심문'은 법원에서 사건 당사자나 이해 관계자에게 개별적인 진술을 할 기회를 주는 일을 가리킨다. 신문이 수사나 판결을 위해 사실 관계를 조사하고 밝히는 일이라면, 심문은 원고나 피고 등이 사건과 관련하여 주장이나 호소를 직접 할 수 있는 기회를 부여하는 일이다. 신문은 경찰·검사·법관 등이 수사 기관이나 법정 등에서 사건 당사자에게 묻고 답하는 방식으로 진행하지만, 심문은 법관만이 오직 법정에서 사건 당사자에게 진술을 하게 하는 방식으로 진행한다.

㉮ 검사가 피의자를 검찰청으로 불러 신문하고/심문하고 있다.

㉯ 판사가 구속 영장을 발부하기 전에 피의자를 불러 심문을/신문을 했다.

㉰ 그는 느닷없이 경찰에 연행되어 가혹한 신문을/심문을 당했다.

일상 언어에서는 검사가 피의자를 심문한다고 표현하는 경우가 적지 않으나, 법률 용어로는 검사가 피의자를 신문한다고 해야 옳다(㉮의 경우). 그런가 하면 법원이 구속 영장의 집행이 적법한지의 여부를 심사하기 위해 피의자를 불러서 그의 진술을 듣는 일은 신문이 아닌 심문이라 해야 옳다(㉯의 경우). 그런데 어떤 사람이 불법으로 연행되어 강압적인 수사를 받았다면 그 수사 행위가 과연 신문인지 의문스러울 수도 있다(㉰의 경우). 그렇지만 비록 강압에 의한 불법일지라도 국가 수사 기관의 행위라는 점에서 신문이라고밖에 할 수 없다.

일반 언중이 신문과 심문을 혼동하는 데 이유가 아주 없는 것은 아니다. 대부분의 국어사전이 '심문'의 법률적 의미 외에 "자세히 따져 물음"이라는 의미를 함께 보이고 있기 때문이다. "상사는 심문이라도 하듯 이것저것 캐물었다."와 같은 용례가 그것이다. 초기의 국어사전부터 시작된 이러한 경향은 최근 국어사전까지 이어져 "자세히 따지어 물음."(『표준조선말사전』, 1947), "일일이 따져 물음."(『큰사전』, 1957), "자세히 따져서 물음."(『표준국어대사전』, 1999), "조사하기 위하여 자세히 따져 물음."(『고려대 한국어대사전』, 2009) 등으로 남아 있다. 지금이라도 국어사전은 이러한 풀이를 삭제하든지 그 뜻이 현대 국어에서 사어화한 것으로 처리하는 것을 고려할 필요가 있다(지난 시대에 『조선왕조실록』, 『승정원일기』 등에서 審問이 '자세히 묻는다'는 뜻으로 쓰였다는 점에서 그 풀이가 전혀 근거 없는 것은 아니지만 현대 국어에서 여전히 유효한지는 의문이다). 그럴 경우 위의 용례도 혼란 없이 "상사는 신문이라도 하듯 이것저것 캐물었다."가 될 수 있다.

실패와 실수

사람들은 살아가면서 어떤 형태로든 실패를 겪는다. 그로 인해 하늘이 무너지는 듯한 좌절을 맛보기도 하고 자신의 무능을 자책하며 땅을 치기도 한다. 하지만 아픔에 매몰되어 있는 한 얻을 것은 아무것도 없다. 아니, 더 깊은 나락으로 빠져들 뿐이다. 역설적으로 실패는 그 안에 성공의 열쇠를 숨겨 놓고 있다. 실패에 이르게 된 과정을 찬찬히 되짚어 보면 왜 그런 결과가 빚어졌는지 원인을 발견할 수 있다. 원인 분석이 면밀하고 정확할수록 다시 도전했을 때 성공률은 높아질 수밖에 없다.

'실패'는 일을 잘못하여 목표나 목적, 성과를 이루지 못하는 것을 가리킨다. 연전연승이 실패로 돌아갔다는 말은 연승하고자 하는 목적을 이루지 못했다는 것을 뜻하고 경영에 실패했다는 말은 경영에 성과를 거두지 못했다는 것을 뜻한다. 실패의 원인은 다양하다. 준비성이나 계획성 부족, 판단력이나 창의력 결핍, 끈기나 도전 의식 결여 등이 그 원인일 수 있다.

'실수'는 부주의로 잘못을 저지르는 것을 가리킨다. 일을 잘못하는 것을 뜻한다는 점에서는 실패와 같다. 하지만 둘의 결정적 차이는 판정의 기준점에 있다. 실수가 일의 과정에 초점이 있다면 실패는 일의 결과에 초점이 있다.

㉮ 일을 너무 서두르다 보니 여러 가지 실수가/실패가 있었다.

㉯ 그의 사업은 실패로/실수로 끝나고 말았다.

실수는 흔히 부주의에서 비롯된다. 마음이 급하여 너무 서두르거나 하면 실수가 빚어지곤 한다(㉮의 경우). 집중력이 떨어지거나 혹은 너무 긴장하거나 할 때에도 실수가 일어날 수 있다. 이런 경우를 가리켜 실패라고 부르지 않는 것은 그 판단의 기준이 일의 과정에 있기 때문이다. 가령 컴퓨터로 문서 작업을 하다가 오타가 났다면, 그것은 일의 일부 과정에서 부주의로 일어난 일이므로 실수라고 할 수 있다. 그에 반해 실패는 역량의 부족으로 일의 목적 등을 이루지 못하는 것으로, 사업이 실패로 끝나는 경우가 그에 해당한다(㉯의 경우). 실패는 판단의 기준이 최종적 결과에 있다. 결과에 대한 총체적 평가가 담겨 있는 것이다. 예컨대 '정책 실패'가 정책 전체에 대한 총체적 평가를 의미한다면, '정책의 실수'는 정책의 실행 과정에 대한 부분적 평가를 의미한다. '수비의 실패'라 하면 경기 전반에 걸친 수비의 잘못을 의미하고(대개의 경우 경기의 패배와 관련된다), '수비의 실수'라 하면 경기의 한 장면에서 일어난 수비의 잘못을 의미한다(일반적으로 경기의 패배와 직접적으로 관련되지는 않는다).

이 같은 의미 특성 때문에 두 단어는 결합하는 말이 다를 수 있다.

ⓓ 한순간의 실수/실패, 엉뚱한 실수/실패, 실수를/실패를 저지르다

ⓔ 실패를/실수를 극복하다, 실패를/실수를 겪다

실수는 부주의로 인한 잘못이므로 어느 한순간에 일어나기 마련이고, 전혀 예측할 수 없어 엉뚱하게 여겨질 수밖에 없으며, 우발적으로 저질러지는 것이라 할 수 있다(ⓓ의 경우). 그에 반해 실패는 성공을 이루지 못하고 패배하는 것이므로, 거기서 오는 좌절과 아픔은 극복하거나 겪어야 할 대상이다(ⓔ의 경우).

한편 동사 '실패하다'와 '실수하다'는 문형이 같을 때도 있고 다를 때도 있다.

ⓐ 누구나 실수할/실패할 수 있다.
ⓑ 그들은 에베레스트 등정에 실패했다.

'누가 −하다'와 같이 '주어+서술어'로 이루어지는 한 자리 서술어의 특성은 두 동사 모두 지니지만(ⓐ의 경우), '누가 −에 −하다'와 같이 '주어+부사어+서술어'로 이루어지는 두 자리 서술어의 특성은 '실패하다'만 지니고 있다(ⓑ의 경우). 두 자리 서술어의 경우, 조사 '에' 앞에는 목표가 되는 일이나 성과를 얻고자 하는 일이 온다.

아이러니와 역설

언어는 때로 요술을 부린다. A를 A라 하지 않고 정반 대인 B라고 하거나, A의 속성을 전혀 상반되는 B의 속성 으로 말하면 전달하려는 의미가 오히려 더 강렬해진다. 아 주 예쁘고 귀여운 아기를 보고 "아이, 얄미워."라고 하거나, 장사가 너무 잘돼 '즐거운 비명'을 지른다고 하는 경우가 그러하다. 앞의 경우처럼 거꾸로 말하는 것은 아이러니(또 는 반어), 뒤의 경우처럼 모순되게 말하는 것은 역설(또는 패러독스)이라 부른다.

두 단어는 자주 혼동을 일으키곤 하지만 분명한 차이 가 있다. '아이러니'는 진술에 논리적 모순이 없지만 '역설' 은 진술 자체에 모순을 품고 있다. 곧 '얄미워'라는 말은 겉 뜻과 속뜻이 다르지만 논리적인 모순이 없는 반면('얄밉 다'는 겉뜻이고 '귀엽다'는 속뜻이다), '즐거운 비명'이라 는 말은 겉뜻과 속뜻의 괴리는 없지만 논리적 모순이 있다 ('비명'은 괴로울 때 지르는 소리이므로 '즐겁다'라는 말과 의미상 충돌을 일으킨다).

이 같은 표현은 수사적 기법으로, 일상 언어에서뿐 아니라 문학에서도 널리 쓰인다.

㉮ 나 보기가 역겨워/가실 때에는/죽어도 아니 눈물 흘리우리다.(김소월, 「진달래꽃」, 1925)

㉯ 이것은 소리 없는 아우성/저 푸른 해원을 향하여 흔드는/영원한 노스탤지어의 손수건(유치환, 「깃발」, 1936)

시의 화자는 사랑하는 임이 자기를 버리고 떠난다 해도 눈물 따윈 한 방울도 흘리지 않겠다고 결의를 다지지만, 이는 결코 그의 속마음이 아니다. 그는 마음속으로 피눈물을 흘리고 있다. 울고 싶다는 직설보다 죽어도 울지 않겠다는 반어가 훨씬 더 아프게 다가온다. 아이러니가 지닌 수사적 효과다.

'소리 없는 아우성'은 깃발의 은유로, 역설의 전형을 보여 준다. '소리 없는 침묵'이나 '소리치는 아우성'이 아닌 '소리 없는 아우성'은 비논리적이고 모순적이다. 하지만 곱씹어 보면 이 모순적 표현에 경이로운 진실이 숨어 있다. 온몸을 마구 흔들며 나부끼는 깃발은 소리를 안으로 억누르며 아우성보다 더 절절한 아우성을 토해 내고 있지 않은가?

역설은 경구나 잠언, 종교적 교훈 등에서도 자주 쓰인다. "도를 도라고 하면 이미 도가 아니다."道可道 非常道(『도덕경』), "죽고자 하면 살 것이요, 살고자 하면 죽을 것이다." 必死則生必生則死(『난중일기』), "애통하는 자는 복이 있나니 그들이 위로를 받을 것임이요."(「마태복음」 5:4) 등은 역설의 예로, 이들 언술은 표면적으로 모순이 있어 보이지만 심오한 진리를 내포하고 있다. 이러한 표현은 낡은 인식에 충격을 줌으로써 새로운 깨달음을 가져다준다. 그런가 하면 그리스 철학자 에피메니데스의 명제 "모든 크레타인은 거짓말쟁이다."에서도 역설을 발견할 수 있다. 크레타인인 에피메니데스가 그 말을 하는 순간, 그 말은 진실이 되므로 그 명제는 거짓이 아니라 참이 되는 역설이 성립한다. 이는 "나는 거짓말쟁이다."라는 고백이 평소에 거짓말을 밥 먹듯이 했더라도 그 고백 자체는 진실이므로 역설이 성립하는 것과 같다. 만일, 위의 명제의 발화자가 크레타인이 아니라면 역설은 성립하지 않는다. 이 같은 역설은 포로타고라스나 제논 등의 소피스트에게서도 볼 수 있는데, 소크라테스는 그들의 진리 상대주의를 '무지無知의 지知'를 설파함으로써 물리쳤다.

한편 아이러니는 문장이나 언술이 아닌 상황에서 유

발되기도 한다. 현진건의 소설 「운수 좋은 날」은 삶의 비극적 아이러니를 잘 보여 준다. 인력거꾼 김 첨지는 모처럼 벌이가 잘돼 운수 좋은 날이라며 흡족하게 여겼으나 집에 돌아와 와병 중이던 아내의 죽음과 맞닥뜨린다. 운수 좋은 날이 운수 사나운 날이 되어 버린 반전에 이 작품의 비극적 아이러니가 있다. 소포클레스의 비극 『오이디푸스 왕』 역시 운명의 아이러니를 담고 있다. 테베 왕 라이오스는 아들의 손에 죽게 되리라는 신의 계시 때문에 젖먹이 아들 오이디푸스를 숲속에 버린다. 오이디푸스는 양치기에게 발견된 뒤 코린토스 왕의 아들로 거두어져 자라게 되는데, 어느 날 아버지를 죽이고 어머니와 결혼하게 된다는 신탁을 접하고 그 예언을 피하기 위해 방랑길에 오른다. 하지만 진짜 부모를 몰랐던 그는 아버지 라이오스를 죽이고 어머니 이오카스테와 결혼하게 되고 만다. 오이디푸스는 뒤늦게 자신이 친부를 살해하고 어머니와 근친상간을 맺었다는 사실을 깨닫고 자기 두 눈을 찔러 스스로를 단죄한다. 이렇듯 『오이디푸스 왕』은 전력을 다해 운명을 벗어나려 했으나 끝내 운명에 결박되어 파국을 맞은 한 인간의 비극적 아이러니를 장중하게 그리고 있다.

이처럼 예상 밖의 결과가 빚어낸 모순적 상황을 아이

러니라고 한다. 이는 언어적 아이러니와는 구별되는 상황
적 아이러니로, 종종 역설로 불리기도 한다.

　　㉯　평화의 수호자이어야 할 종교가 전쟁의 중심에 서 있
　　　다는 것은 아이러니가 아닐 수 없다.

　　위 문장 속의 아이러니는 역설로 바뀌어도 그다지 어
색하지 않다. 이 경우의 역설은 형용 모순이나 모순 어법과
같은 것이 아니라, 모순되고 대립되는 두 사실이 동시에 존
재하는 상태를 가리킨다.

　　아이러니irony는 고대 그리스 희극에 등장하는 인물
에이론eiron에서 유래하였다. 에이론은 어리석고 못난 척
시치미를 떼지만 거만하고 허풍을 떠는 인물 알라존ala-
zon을 총기로 제압하곤 한다. 에이론에서 감정이나 의도
를 숨긴다는 뜻의 그리스어 eironeia, 라틴어 ironia가 파
생되었고 이것은 다시 영어 아이러니의 기원이 되었다. 패
러독스paradox는 그리스어 'paradoxos'에서 온 말로, '넘
어선', '벗어난'이라는 뜻의 'para'와 '견해', '판단'이라는
뜻의 'doxa'가 결합한 말이다. 여기서 '일반적 견해를 넘어
선', '모순된 논리'라는 의미가 생겨났다.

안일하다와 안이하다

사람의 생리적 욕구는 본질적으로 비슷하다. 서면 앉고 싶고 앉으면 눕고 싶고 누우면 자고 싶은 법이다. 사람들은 마땅히 그래야 할 이유나 동기가 있지 않는 한, 몸을 움직이는 수고를 겪고 싶어 하지 않는다. 할 수만 있다면 빈둥거리면서 최대한 편안함과 안락함을 누리고 싶어 한다. 온갖 문명의 이기는 이런 욕구를 충족시키기 위한 도구인지 모른다. 예컨대 TV 리모컨, 로봇 청소기, 인공지능 스피커 등의 개발은 한없이 편해지고 싶은 인간의 욕망과 맞닿아 있다.

하지만 편리함이나 편안함은 때로 독이 된다. 자칫 게으름과 태만을 부르기 쉽다. 명사 '안일'은 편안함도 뜻하지만 편안함만을 누리려는 태도에 대한 부정적 인식도 함의한다.

㉠ 그는 일신의 안일을 위해 애써 불의에 대해 눈감았다.

㉯   그들은 안일에 빠져(젖어) 사치와 환락을 일삼았다.

㉮의 '안일'은 일차적으로 편안하고 안락한 상태를 가리키지만, 동시에 타인의 불행 따위는 아랑곳하지 않는 이기적 심리 상태도 나타낸다. '안일'이 부정적 어감을 주는 것은 그런 이기심에 대한 힐난이 바탕에 깔려 있기 때문이다. ㉯의 '안일'은 부정적 어감을 한층 더 강하게 풍긴다. '안일에 빠지다(젖다)'라고 할 때의 '안일'은 오로지 편안함과 안락함만을 누리려고 하는 집착의 상태를 가리키기 때문이다. '주색에 빠지다, 노름에 빠지다, 타성에 젖다, 인습에 젖다' 등이 그러하듯 '안일에 빠지다(젖다)'도 부정적인 상태에 매몰되거나 안주하는 것을 형용한다.

'안일하다'는 명사 '안일'을 형용사화한 것으로, '편안함이나 안락함만을 좇거나 누리려는 태도가 있다'는 뜻을 가진다. 곧 안락함만을 추구하며 무반성과 무사유의 상태에 있음을 나타낸다. 그런가 하면 '안일하다'에는 '어떤 일을 쉽게 생각하거나 가볍게 여기어 대충 하려는 태도가 있다'라는 뜻도 있다. 이는 '안일'의 본뜻에서 다소 멀어진 듯하나 아주 다른 뜻은 아니다. '안이하다'는 '안일하다'의 이두 번째 뜻과 매우 유사하다.

㉣ "별 문제 있겠어?"라는 안일한/안이한 생각이 화를 부르는 법이다.

㉤ 그는 이웃의 아픔에 무관심한 채 안일한/안이한 일상에 파묻혀 지냈다.

㉣의 '안일하다'는 '안이하다'로 바꾸어 쓸 수 있다. '안일한 생각/발상/판단/대응/자세'가 자연스럽듯, '안이한 생각/발상/판단/대응/자세'도 전혀 어색함이 없다. 둘 다 일을 너무 쉽게 여기는 태도를 나타낸다는 점에서 별다른 차이가 없다. 굳이 둘을 구별하자면, '안일하다'는 너무 편안하여 긴장이 풀려 있거나 주의력이 떨어진 상태에서 비롯된 측면이 강하고("감독이 선수들의 안일한 시합 태도를 꾸짖었다."), '안이하다'는 사물을 궁구하거나 통찰하는 힘이 부족한 상태에서 비롯된 측면이 강하다고 할 수 있다("정책 입안자의 낡고 안이한 사고방식이 딱하기 이를 데 없다."). 그렇지만 편하고 안락하기만 상태, 또는 그런 상태를 좇는 태도를 뜻할 때에는 '안이하다'보다는 '안일하다'가 더 적절하다고 판단된다(㉤의 경우). '안일하다'는 편안함, '안이하다'는 쉬움에 의미의 초점이 있으므로, '안이한 일

상(삶)'이라는 표현보다 '안일한 일상(삶)'이라는 표현이 훨씬 자연스럽게 느껴진다.

한편 명사 '안이'는 '안일'에 비하여 매우 사용 빈도가 낮다. 그 의미는 "애써 힘을 들이지 않아 편함"으로, '안일'과 크게 다르지 않으나 실제 쓰임은 훨씬 제약되어 있다("안이와 향락을 추구하다."). 또한 안이는 '무사안일/무사안일하다'와 같은 합성어나 파생어를 가지지 못한다.

애인과 연인

한글학회가 편찬한 『큰사전』(1957)은 '애인'을 다음과 같이 정의하고 있다.

- 애인: [이] ① 남을 사랑함. ② =연인戀人.
  -하다 [제. 여벗] 남을 사랑하다.

이 정의는 개정판 『우리말 큰사전』(1992)에도 아무런 수정 없이 그대로 이어지고 있다. 이 같은 접근은 다음과 같은 의문을 불러일으킨다. 첫째, 과연 '애인'이 현대 국어에서 '남을 사랑함'의 뜻으로 쓰이고 있는가? 둘째, 연인은 애인과 동의어인가?

첫 번째 의문에 대한 답은 일단 부정적일 수밖에 없다. ('일단'이라고 단서를 붙인 것은 부정적이라는 판단이 현대 한국어라는 공시적 관점에 국한된 것이기 때문이다. 근대어나 중세어 등에서의 사용례를 필자는 알지 못하므로 통시적 한국어에 대해서는 그 답을 유보할 수밖에 없다.) 현대 한국어 말뭉치에서 '애인'이 자립 명사로 쓰인 예나 '애인하다'가 동사로서 쓰인 예를 사실상 찾을 수 없다. 비슷한 유형의 한자어 '애국'愛國과 견주어 보면 그 사실이 더욱 뚜렷해진다. 곧 '애국'이 '애국을 실천하다', '지금이야말로 애국이 필요하다'나 '애국하는 마음'과 같이 명사와 동사의 형태로 쓰이는 것처럼, '애인'도 '애인을 −하다', '애인이 −하다'나 '애인하는 −'와 같은 형태로 쓰여야 함에도 그런 예를 발견하기 어렵기 때문이다. 오늘날 '남을 사랑함'을 뜻하는 애인은 기껏해야 '경천애인'(하늘을 숭배하고 인간을 사랑함)이나 '애인휼민'(사람을 사랑하고 백성을 불쌍히 여김)과 같은 한문투 어구의 비자립적 요소로 존재할 뿐이다.

두 번째 의문, 연인과 애인이 동의어인가에 대해서도 긍정적인 답을 내놓기는 어렵다. 물론 일부 문맥에서 애인을 연인과 바꾸어 쓸 수 있긴 하다.

㉮　삼손과 델릴라는 서로의 애인이다/연인이다.

㉯　소련군이 베를린에 입성하자 히틀러는 애인/연인 에바 브라운과 함께 자살했다.

델릴라와 삼손을 서로의 애인이라고도 연인이라고도 할 수 있는 것처럼, 에바 브라운 역시 히틀러의 애인이라 부를 수도 있고 연인이라 부를 수도 있다. 무엇으로 부르든 그 의미가 달라지지는 않는다. 그렇지만 둘 사이에 미묘한 어감의 차이가 있다. 애인은 구어의 느낌이 강하고 연인은 문어의 느낌이 강하다.

     ⓓ   너, 애인/연인 있니?
     ⓡ   나의 연인이여/애인이여, 소중한 나의 사람이여!

일상의 대화에서, "애인 있니?"라고 묻는 것은 자연스럽지만 "연인 있니?"라고 말하는 것은 부자연스럽다. 거꾸로 시나 시적인 문장에서 '나의 연인이여'를 '나의 애인이여'라고 부르는 것은 어쩐지 어색하다. '애인'이 통속적인 어감이 강한 반면 '연인'은 기품 있게 느껴지므로, 사랑하는 사람을 찬미하는 시에서는 애인보다 연인이 더 어울려 보인다. 같은 논리에서, 삼손의 연인이나 히틀러의 연인도 삼손의 애인이나 히틀러의 애인보다 기품 있게 보인다고 할 수 있다. 다만 이 경우에 애인도 어색하지 않은 이유는 이들이 특별히 우호적으로 묘사해야 할 대상은 아니기 때문이다(곧 객관적 대상일 뿐이다).

그런데 오늘날 구어로서의 애인은 '여자 친구'나 '남자 친구'에 현저히 밀리고 있는 듯하다. 특히 요즘 젊은이들이 자기가 사랑하는 사람을 가리켜 '애인'이라고 하는 경우는 별로 없는 것 같다. "인사해, 내 여자 친구야."라든지 "네 남자 친구 언제 보여 줄래?"라고 하는 것이 일반적이다. 여자 친구나 남자 친구는 원래 단순한 이성 친구를 가리키던 말이었으므로 개념 혼란이 불가피했는데 이를 피하기 위해 '여자 사람 친구', '남자 사람 친구'(줄여서 '여사친', '남사친')이라는 기묘한 신조어가 탄생하기도 했다.

애인과 연인의 가장 큰 차이는 그 지시 대상이 어느 한 사람만 가리키느냐, 두 사람을 모두 가리킬 수 있느냐에 있다. 애인이 서로 사랑하는 사람을 가리킨다면, 연인은 애인의 의미 외에 서로 사랑하는 한 쌍을 가리키기도 한다. 다시 말해, 애인은 둘 중 어느 한쪽만 가리키지만, 연인은 한쪽만 가리킬 수도 양쪽을 모두 가리킬 수도 있다.

ㅁ 젊은 연인/애인이 공항 대합실에서 작별의 키스를 나누고 있다.

ㅂ 다정한 연인이/애인이 나란히 오솔길을 걷고 있다.

작별의 키스를 나누는 연인도 한 쌍을 가리키며, 오솔 길을 다정하게 걷고 있는 연인도 한 쌍을 가리킨다. 애인은 혼자서 키스를 할 수 없고 나란히 길을 걸을 수 없다.

㉯　두 사람은 연인/애인 사이다.

위 문장은 연인과 애인이 얼핏 쌍방을 가리키는 것처럼 보일지 모른다. 그러나 둘 다 '서로 사랑하는 사람'의 뜻만 있을 뿐, '서로 사랑하고 있는 두 사람'의 뜻은 없다. 다음의 예를 보면 이러한 사실이 좀 더 명확해진다.

㉰　두 사람은 원수 사이다.
㉱　원수가 외나무다리에서 만났다.

'원수' 역시 연인/애인처럼 서로 어떤 관계를 맺고 있는 사람을 가리키는 말이지만, 그런 관계의 두 사람을 모두 가리키는 뜻은 없다. 따라서 원수가 외나무다리에서 만날 수는 없다. 올바로 표현하려면 "원수를 외나무다리에서 만났다."라고 하든지, "원수와 외나무다리에서 만났다."라고 해야 한다.

참고로 덧붙이자면, 중국어 '아이렌'과 일본어 '아이진'은 한국어 '애인'과 같은 한자를 쓰지만 의미가 다르다. 중국어에서 愛人은 배우자를 가리키고, 일본어에서는 배우자가 아닌 외도 상대를 가리킨다.

여행과 관광

'여행'은 자기 집에서 나와 멀리 물설고 낯선 곳으로 떠나는 행위다. 낯선 곳으로 떠나는 자의 마음속에는 설렘과 두려움이 공존한다. 새로운 풍물과 미지의 사람을 만난다는 것은 가슴 설레는 일이지만, 낯선 곳에서 돌발적 상황과 맞닥뜨리는 일은 두려운 일이기도 하다. 여행은 그 같은 설렘과 두려움을 모두 기꺼이 받아들이는 일이다.

그런데 우리는 '여행'을 떠날 수도 있고 '관광'을 갈 수도 있다. 이 둘은 어떻게 다른가? 간혹 여행과 관광을 대립 개념으로 보는 경우가 있다. 자신이 주도권을 가지고 능동적으로 하는 게 여행이고, 남이 세운 계획에 따라 수동적으로 하는 게 관광이라는 것이다. 그러나 이는 '자유 여행'과 '패키지 관광'의 특성일 수는 있어도 '여행'과 '관광'의 차이일 수는 없다. 관광은 여행과 다른 별개의 것이 아니라, 여행의 한 종류일 뿐이다. 곧 여행은 멀리 떠나는 일을 총칭하는 말이고, 관광은 그중의 일부의 것만 가리키는 말이다.

'관광'이라는 말은 주나라 『역경』易經에 나오는 '관국지광'觀國之光이라는 구절에서 비롯된 것으로 알려져 있다. '관국지광'이란 한 나라의 빛나는 부분을 살핀다는 뜻으로, 다른 나라의 훌륭한 문물을 보고 배우는 일을 가리켰다. 이는 산수를 즐기며 유람하는 사적 행위가 아니라 자국을 이롭게 하기 위해 타국의 문물과 제도, 풍속 등을 살피는 공적 행위였다. 관광은 뒷날 유람과 같은 사적 행위로 뜻이 변화되었고, 오늘날에는 산업화되어 다양한 상품으로 소비되고 있다.

관광은 한마디로 경치가 빼어난 곳이나 문화 유적지, 기타 명소 등을 찾아다니며 보고 즐기는 행위다. 가장 대표적인 것이 여행사에서 일정과 교통편, 숙식 등을 미리 정한 뒤 여행자를 모집하는 패키지 상품이다. 흔히 가이드가 여행자들을 인솔하는 이 상품은 짧은 시간에 알짜배기 볼거리를 효율적으로 구경할 수 있다는 장점이 있다. 하지만 이런 형태의 관광은 빠듯한 일정에 따라 볼거리 위주로 진행되는 탓에 새로운 문화나 풍습과 밀도 있게 접촉할 수 없다는 단점이 있다. 그런 단점을 개선하기 위해 여행사들은 '자유 여행'이니 '테마 여행'이니 하는 것을 내놓기도 한다. 그러나 그것은 관광과 다른 어떤 것이 아니라, 패키지 상품의 단점을 보완한 다른 형태의 관광 상품일 뿐이다.

여행의 외연은 매우 넓다. 좁게는 휴식과 재충전을 위해 훌쩍 낯선 곳으로 떠나는 일을 가리키지만, 넓게는 레저·위락·친목·답사·구경·업무 등을 위해 집을 떠나 다른 지방이나 나라로 가는 일을 모두 포함한다. 따라서 관광이나 유람뿐 아니라 회사원이 출장을 가거나 대학생이 엠티MT를 떠나는 일도 넓은 의미의 여행이라 할 수 있다.

한편 '여행가'와 '관광객'은 여행하는 태도와 목적이 다르다. 관광객이 좀 더 확실한 목적과 일정에 따라 움직이면서 볼거리를 찾으러 돌아다니는 사람이라면, 여행가는 자유롭게 낯선 문화나 풍속과 접촉하면서 시야를 넓히고 정신적 깨달음을 얻고자 하는 사람이다. 그런가 하면 '유람객'은 주로 명승고적을 찾아다니며 즐기는 사람을 가리키며, '나그네'는 자기 집을 떠나 정처 없이 떠도는 사람을 예스럽게 이르던 말로, 오늘날에는 문학적 표현에 주로 쓰인다. 유람객은 관광객과 큰 의미 차이가 없으나, 관광객에 비해 고풍스러운 어감이 강하고 사용 빈도도 현저히 낮다.

예의와 예절과 예

어떤 사람의 행동을 가리켜 '막돼 먹었다', '버르장머리가 없다', '경위涇渭가 없다'와 같이 말하는 경우가 있다. 웃어른에게 공대하지 않는다든지, 남의 생각은 아랑곳하지 않고 멋대로 행동한다든지, 남에게 도움을 받거나 신세를 지고도 고마워할 줄 모르거나 할 때 이르는 말이다. 한마디, 예의가 없다는 말이다.

'예의'란 다른 사람을 대할 때 마땅히 공손하게 행동하거나 존중하는 태도를 가지는 일, 또는 그 행동이나 태도를 가리킨다. 예의를 지킨다는 것은 다른 사람에게 공손하게 행동하거나 다른 사람을 존중하는 태도를 가진다는 것을 의미하고, 예의가 바르다는 것은 다른 사람을 대할 때 내면에 공손함이나 존중심을 가지고 있어 행동이나 태도가 바르다는 것을 뜻한다. 예의는 타인과 조화롭고 아름다운 관계를 맺는 지혜로운 기술이라고 할 수 있다.

'예절'은 생활이나 인간관계에서 지키거나 따라야 할 말과 행동의 규범을 가리킨다. 사람은 자라면서 자신을 둘

러싼 주위에서 보고 들으며 해도 되는 행동과 해서는 안 되는 행동, 반드시 해야 하는 행동을 명확하게 구별하는 것을 배우고 익혀 나간다. 그래서 예절에 어긋난 행동을 두고 '본데없다'라고 표현하기도 한다.

예의와 예절은 뜻이 비슷하지만 조금 다른 맥락에서 쓰이는 말이다. 예의는 구체성이 높고 예절은 추상성이 높다. 가령 버릇없이 구는 사람에게 '예의 좀 지켜라'라고는 하지만 '예절 좀 지켜라'라고는 하기 어렵고, '예절이 엄격한 집안'은 자연스럽지만 '예의가 엄격한 집안'은 부자연스럽다. 이렇듯 예의는 구체적인 말씨나 몸가짐 등을 문제 삼는 반면, 예절은 행동 규범과 같은 추상적 범주를 문제 삼는다.

앞에 관형어를 붙이면 예절을 좀 더 구체적 맥락에서 쓸 수도 있다. 가령 예절 앞에 '식탁'을 관형어로 사용하여 '식탁 예절 좀 지켜라'와 같이 말할 수 있다(물론 이 같은 방식은 일부의 맥락에서만 가능하다). 이 같은 명사 형태의 관형어는 예절에 폭넓게 붙지만 예의에는 잘 붙지 않는다. 곧 '언어 예절, 전화 예절, 교통 예절' 등은 널리 쓰이지만 '언어 예의, 전화 예의, 교통 예의' 등은 거의 쓰이지 않는다.

한편 '예'는 사람이 지키거나 따라야 할 도리나 행동

규범, 의식, 절차 등을 통틀어 이르는 말로, 개념의 외연이 가장 넓어 예의와 예절의 뜻을 모두 품고 있다. '예의를 갖추다'와 '예절을 배우다'는 각각 '예를 갖추다'와 '예를 배우다'로 바꾸어 말할 수 있다. 그렇다고 예의나 예절을 언제나 예로 바꿀 수 있는 것은 아니다.

㉮ 귀한 손님이니 깍듯이 예의를/예를 지켜라.
㉯ 인터넷 공간에서는 누리꾼들 사이에 예절이/예가 필요하다.

위 문장의 경우 지켜야 할 도리나 행동 규범의 뜻으로 예의나 예절을 사용할 수 있으나 예는 같은 뜻을 가지고 있음에도 사용하기가 껄끄럽다. 예는 대체로 고풍스럽고 장중한 어감을 띠는데 위 글은 일상적 대화문이거나 평이한 일반 문장이므로 예라는 말이 잘 녹아들지 않는다. 예의 어감과 잘 어울리는 문장은 다음과 같은 경우이다.

㉰ 예가 아니면 보지 말고, 예가 아니면 듣지 말며, 예가 아니면 말하지 말고, 예가 아니면 행동하지 말라.(『논어』 안연편)

그런가 하면 예는 관습적·종교적으로 따라야 하는 의
식이나 절차를 가리키기도 한다. 이는 예의나 예절에 없는
뜻이다.

ⓡ 만 20세가 된 남녀가 성년의 예를/예의를/예절을 치
    렀다.
ⓢ 어머니는 새벽마다 천지신명님께 예를/예의를/예절
    을 올렸다.

관혼상제, 즉 관례·혼례·상례·제례 같은 예는 전통과
관습에 따라 치르는 의식이나 절차를 가리키고, 종교적 예
는 신앙에 따라 초월적 존재에게 일정한 방식과 절차에 따
라 올리는 의식을 가리킨다.

오해와 곡해

세상을 살아가노라면 누구도 다툼과 갈등, 오해 등으로부터 자유로울 수 없다. 그중에서도 '오해'는 일상에서 가장 빈번히 맞닥뜨리는 심리 현상으로, 어떤 대상을 사실과 다르게 잘못 생각하거나 판단하는 것을 가리킨다. 대상을 있는 그대로 받아들이는 일은 생각처럼 쉽지 않다. 편견이 사실을 왜곡할 수도 있고, 불충분한 대화가 그릇된 판단을 부를 수도 있다. 오해는 또 다른 오해를 낳기도 하고, 오해가 쌓이면 인간관계가 깨지기도 한다.

'오해'는 그 유발 원인이 발신자에게 있을 수도 있고 수신자에게 있을 수도 있다. 발신자의 모호한 표현이나 태도가 오해를 일으키기도 하고, 수신자의 과잉 해석에 의해서 오해가 일어날 수도 있다.

㉮ 그녀는 머리 모양만 보고 그를 여자로 오해했다.

㉯ 그는 그녀의 친절을 자신에 대한 관심과 사랑이라고
    오해했다.

㉮의 예는 발신자(긴 머리를 한 남자)에게, ㉯의 예는 수신자(친절을 사랑으로 해석한 남자)에게 오해의 원인이 더 많은 경우라 할 수 있다. 어느 경우든 오해는 수신자의 판단 오류가 있지 않고서는 일어날 수 없다. 결국 모든 오해는 수신자의 판단 오류 행위이다.

수신자의 판단 오류는 '곡해'의 핵심적 의미이기도 하다. '곡해'란 어떤 말이나 행동, 사물의 내용 등을 그릇되거나 좋지 않게 해석하는 것을 가리킨다. 그렇다고 곡해와 오해의 의미가 완전히 같은 것은 아니다.

㉰   제가 하는 말을 곡해하지/오해하지 말고 잘 들어 보십시오.
㉱   이단은 성경 말씀을 곡해하여/오해하여 거짓 교리를 주장하거나 신봉한다.

어떤 말을 원뜻과 다르거나 발화자의 의도와 다르게 이해하는 경우에는 곡해와 오해를 모두 쓸 수 있다(㉰의 경우). 하지만 어떤 텍스트를 잘못된 의도나 목적을 가지고 자의적으로 해석한 경우에는 곡해만을 쓸 수 있다(㉱의 경우).

그런가 하면 오해만 쓸 수 있는 경우도 있다.

㉤ 오해하지/~~곡해하지~~ 마세요, 우린 그냥 친구일 뿐이
에요.

㉥ 오해를/~~곡해를~~ 풀다, 오해가/~~곡해가~~ 쌓이다, 오해를/
~~곡해를~~ 사다, 오해를/~~곡해를~~ 받다

어떤 남녀가 서로 친하게 지낼 뿐인데 주위 사람이 그
들을 연인 사이로 여길 때, 그들이 할 수 있는 말은 "오해하
지 마세요."이지 "곡해하지 마세요."는 아니다(㉤의 경우). 또
한 '풀다', '쌓이다', '사다', '받다' 등의 동사와 호응할 수 있
는 말은 곡해가 아닌 오해다(㉥의 경우).

두 단어의 이 같은 차이는 사물에 대한 판단 또는 해석
의 성격에 기인한다. 곧 오해는 판단이나 해석이 즉각적이
고 직관적으로 이루어지는 반면, 곡해는 의도적이고 논리
적으로 이루어진다. 머리 모양을 보고 여자라고 판단하는
것은 논리가 아닌 직관에 의한 것이며, 성경 말씀을 다르게
판단하는 것은 직관이 아닌 논리에 의한 것이다.

한편 동사 '오해하다'와 '곡해하다'는 공통적으로 '-을

–으로'(가령 '침묵을 긍정으로') 또는 '–을 –고'(가령 '침묵을 긍정이라고')와 같은 문형을 가지나, 목적어의 대상이 다를 때가 있다. 곧 '오해하다'는 말이나 행동, 사람 등을 목적어로 하는 데 비해(㉮의 경우는 사람을 목적어로 한 것). '곡해하다'는 말이나 행동, 텍스트나 서사물(소설, 영화, 역사) 등을 목적어로 한다(㉯의 경우는 텍스트를 목적어로 한 것).

요리와 조리

수십만 년 전 인류는 불의 발견으로 문명의 첫발을 내디뎠다. 인간만이 불을 피우고 통제할 수 있었으므로 불은 인간의 권능을 표상하는 강력한 상징이 되었다. 불을 이용하여 추위를 몰아내고 어둠을 밝힐 뿐 아니라 날것을 익히는 일, 이른바 '요리'를 하게 됨으로써 인간은 자연에서 벗어나 문화의 세계를 이룩했다.

'요리'란 식재료를 불로 익히거나 하여 먹기 좋고 소화하기 좋은 상태로 만드는 것을 가리킨다. 날고기를 불로 익히면 육질이 연해지고 맛이 풍부해질 뿐 아니라 살균이 이뤄져 좀 더 오래 보존할 수 있다. 물론 요리가 반드시 불로 익히는 것만을 가리키는 것은 아니다. 불을 사용하지 않는 요리가 어찌 없을 것인가? 먹거리를 맛있고 소화 잘되게 만드는 모든 행위와 그 결과물이 요리일 수 있다. 그럼에도 불이 요리의 필요조건임은 부정하기 어렵다. 불의 힘을 전혀 빌리지 않고 음식상을 온전히 차릴 수는 없기 때문이다.

'조리'는 요리와 뜻이 크게 다르지 않으나, 요리보다

전문적이고 구체적인 뉘앙스를 지닌다. 어떤 식재료에 물리적·화학적 변화를 가해 먹을 수 있게 만드는 일이 조리라고 할 수 있다.

㉮ 음식을 요리하다/조리하다.

㉯ 토마토는 삶거나 볶아서 조리하면/요리하면 영양 성분이 더 풍부해진다.

㉰ 프라이팬에 채소를 넣고 노릇노릇해질 때까지 20분 동안 조리한다/요리한다.

'음식'을 목적어로 취할 때에는 '요리하다'와 '조리하다'가 모두 자연스러우나(㉮의 경우), 작업 방식이나 과정의 구체성이 드러나는 문맥에서는 '조리하다'가 좀 더 자연스럽다(㉯와 ㉰의 경우). 특히 '조리하다'는 음식을 만드는 일부의 과정에 대해 사용할 수 있지만 '요리하다'는 그렇게 사용하기 어렵다(㉰의 경우).

㉱ 우리 형은 요리를/조리를 잘한다.

㉲ 난 요리하는/조리하는 걸 좋아한다.

㉳ 집에서 직접 요리해/조리해 드세요?

요리는 '음식 만드는 일'을 포괄적으로 이르는 뜻을 나타낼 수 있으나, 조리는 그런 뜻을 나타내기 어렵다(㉻의 경우). 또 '요리하다'는 목적어 없이도(엄밀하게는 목적어를 생략한 상태로) '음식을 만들다'의 뜻을 나타낼 수 있으나 '조리하다'는 그렇게 하기 어렵다(㉯와 ㉰의 경우).

또한 요리는 식재료를 먹기 좋게 만들어 놓은 결과물, 곧 음식 자체를 가리킬 수 있으나 조리는 그럴 수 없다.

㉯   요리를/조리를 맛있게 먹다.

㉰   중국집에 요리를/조리를 시키다.

㉯와 ㉰의 요리는 음식이므로 먹을 수도 있고 주문할 수도 있지만 조리는 음식을 만드는 행위이므로 그렇게 할 수 없다.

한편 '요리사'와 '조리사'는 구별하지 않고 쓰는 경우가 많으나 엄밀하게는 어감이 조금 다른 말이다. 요리사는 음식 만드는 일을 직업으로 하는 사람을 막연하게 가리키는 말이지만, 조리사는 공식적인 자격을 가지고 음식 만드는 일에 종사하는 사람을 가리킨다. 자격증이 있든 없든 음식점 주방에서 음식을 만드는 사람은 요리사라 할 수 있지만, 자격증 없이 일하는 사람은 조리사라 하기 어렵다. 조리사 자격에는 한식 조리 기능사, 양식 조리 기능사, 중식 조리 기능사, 일식 조리 기능사, 복어 조리 기능사 등이 있으며, 자격증 시험은 한국산업인력공단에서 관장한다. 그런가 하면 '요리 연구가'는 전문적으로 새로운 요리를 개발하는 일을 하는 사람을 가리키고, '셰프'chef는 주로 호텔이나 고급 레스토랑 등의 주방을 책임지는 우두머리 조리사를 가리킨다.

운명과 숙명

소포클레스의 비극 『오이디푸스 왕』은 운명이 한 인간을 어떻게 파멸에 이르게 하는지 처절하게 보여 준다. 아버지를 죽이고 어머니와 몸을 섞을 것이라는 신탁을 피하기 위해 방랑길에 올랐으나 끝내 그 예언을 피하지 못하고 비극적 파국을 맞을 수밖에 없었던 오이디푸스. 운명을 벗어나기 위한 도피가 도리어 운명의 수렁에 발을 담그는 일이었음은 얼마나 기막힌 아이러니인가?

'운명'은 인간의 삶을 지배한다고 믿어지는 초월적인 힘이나 작용을 뜻한다. 그 힘은 너무나 강하여 인간이 거부하거나 저항할 수 없다고 여겨진다. 그런데 운명은 정말 존재하는가?

운명은 인간의 머릿속에서 일어난 상상이거나 과학적으로 실증된 적 없는 믿음에 불과한 것인지 모른다. 절망의 구렁에 빠진 자가 "운명의 신이시여, 왜 저에게 이런 시련을 주시나요?"라고 울부짖을 때, 그 외침은 아픔을 견디기 위한 자기 위안의 독백이거나 패배와 파탄의 원인을 운명에 돌리는 탄식일 뿐이다. 운명의 신조차 없다면 막막한 절망을 무엇으로 견딜 것인가?

운명론자는 모든 일이 이미 그렇게 되도록 정해져 있다고 믿는다. 인간은 이미 정해진 각본대로 행동할 뿐 자유의지로 살아갈 수 없다고 생각한다. 그런 점에서 운명론자의 '운명'은 '숙명'에 가깝다. '숙명'이란 이미 정해져 있어 인간의 의지로 바꿀 수 없는 삶이나 상황을 가리킨다. 곧 피하려야 피할 수 없는 운명이 숙명이다. 숙명은 상상도 아니고 믿음도 아니며 움직일 수 없는 사실이라는 점에서 운명과 구별된다.

㉮　운명에/숙̇명̇에 굴복하다.

㉯　운명을/숙̇명̇을 개척하다.

㉰　인간은 생로병사의 숙명을/운̇명̇을 벗어날 수가 없다.

운명에 굴복한다는 표현은 자연스럽지만 숙명에 굴복한다는 표현은 부자연스럽다(㉮의 경우). 숙명은 삶의 조건으로서 이미 결정되어 있기 때문에 굴복과 같은 선택지를 요구하지 않는다. 굴복이 가능하려면 저항도 가능해야 하는데 숙명에 대한 저항은 애초에 성립할 수 없다. 누구나 예외 없이 맞닥뜨리는 숙명으로서의 죽음은 그저 받아들일 수 있을 뿐 굴복하거나 저항할 수 있는 일이 전혀 아니기 때문이다. 또한 운명을 개척하는 일은 가능하지만 숙명을 개척하는 일은 불가능하다(㉣의 경우). 사람들은 운명의 힘이 막강하다고 믿는 것처럼 거기에는 자유 의지가 파고들 빈틈이 있다는 것도 믿는다. 극단적 운명론자가 아닌 한, 운명은 개척하고 극복하며 바꿀 수 있다고 생각한다. 그러나 숙명을 개척하거나 바꾸는 일은 '둥근 사각형'처럼 형용 모순에 지나지 않는다. 인간이 태어나 늙고 병들고 죽게 되는 일은 누구도 예외가 될 수 없는 숙명이다(㉤의 경우). 숙명은 어떤 경우에도 변할 수 없는 법칙인 것이다.

㉥ 두 사람은 운명의/숙명의 라이벌이다.
㉦ 그날 그곳에서 두 사람의 운명적/숙명적 만남이 이루어졌다.

운명과 숙명이 같은 뜻으로 쓰일 때도 있다. '운명의 라이벌'과 '숙명의 라이벌' 사이에는 의미의 차이가 없다(㉥의 경우). 둘 다 평생 경쟁의 무대에서 막상막하의 실력을 겨룰 수밖에 없도록 운명 지어진 적수를 가리킨다. '운명적 만남'과 '숙명적 만남' 역시 동일한 의미를 가진다(㉺의 경우). 그것은 그렇게 될 수밖에 없도록 초월적 존재가 이미 정해 놓은 필연적 만남이라는 뜻을 가진다. 굳이 구별하자면 운명보다 숙명에서 좀 더 필연성이 강조된다. 숙명에는 태어날 때부터 정해져 있어 바꿀 수도 피할 수도 없다는 뉘앙스가 묻어 있다.

유머와 익살과 해학

웃음은 얼굴 근육, 그중에서도 눈과 입 주위 근육의 미세한 움직임에 불과한 것이지만 그것이 가지는 의미는 결코 작지 않다. 무엇보다 웃음은 딱딱한 분위기를 누그러뜨리는 힘이 있다. 누구나 밝은 웃음을 대하면 품고 있던 경계심이나 긴장감이 사르르 녹아 없어지는 걸 느낄 수 있다. 또한 웃음은 내면의 행복과 즐거움을 표출하는 행위이면서 동시에 그것을 퍼뜨리는 힘을 가졌다. 웃음 속에 잠복해 있는 행복 바이러스는 순식간에 주위를 감염시킨다.

웃음은 흔히 어떤 말과 행동에서 촉발되곤 하는데, 웃음을 자아내는 말과 행동을 나타내는 말로는 '유머'와 '익살', '해학' 등이 있다. 이들은 의미의 유사성에도 불구하고 실제 쓰임에서는 차이를 보일 때가 많다.

㉮　승호는 유머가/익살이/해학이 풍부하다.
㉯　그 여자는 세련된 유머를/익살을/해학을 구사할 줄 안다.

ⓒ 사람들은 유머/익살/해학 감각이 뛰어난 사람에게
　　호감을 느낀다.

　'유머'는 말이나 표정, 동작 등으로 남을 웃게 만드는
일이나 능력, 또는 그 말을 가리킨다. '유머가 풍부하다'는
말·표정·동작으로 남을 웃게 만드는 능력이 많다는 뜻이
고, '유머를 구사하다'는 남을 웃기는 말이나 표현을 잘 부
려 쓴다는 뜻이며, '유머 감각이 뛰어나다'는 남을 웃기는
감각이나 능력이 뛰어나다는 뜻이다. 익살이나 해학은 이
와 같은 문맥에서 사용하기 어렵다. 곧 어떤 사람이 익살이
풍부하다거나 해학이 풍부하다고 하기 어렵고, 익살을 구
사한다거나 해학을 구사한다고 하기 어려우며, 익살 감각
이 뛰어나다거나 해학 감각이 뛰어나다고 하기 어렵다.

ⓡ 그 코미디언은 우스꽝스러운 표정을 지으며 익살을/
　　유머를/해학을 떨었다.
ⓢ 그는 군대에서 겪은 이야기를 익살을/유머를/해학을
　　섞어 가며 늘어놓았다.

　'익살'은 남을 웃기려고 짐짓 요란스럽거나 과장되게

하는 말이나 행동을 뜻하는 말이다. 흔히 '떨다'나 '부리다'와 호응하여 쓰이곤 하는데, '떨다'나 '부리다'는 어떤 행동을 요란스럽거나 심하게 하는 것을 나타내는 말이므로 익살의 의미와 잘 어울린다고 할 수 있다. 유머나 해학은 익살과는 뉘앙스가 다르므로 '떨다', '부리다'와 호응하여 쓸 수 없다. 자신의 개인사를 익살을 섞어 가며 말한다는 표현을 '유머를 섞어 가며 말한다'고 할 수도 있으나, 다만 이 경우에는 둘의 어감이 약간 다르다. 익살은 주로 과장되거나 호들갑스러운 말과 제스처를 가리키고, 유머는 웃음을 유발하는 말을 폭넓게 가리킨다.

㉫ 풍자와 해학이/유머가/익살이 넘치는 마당놀이.

㉳ 김유정 문학의 해학은/유머는/익살은 소설의 어조와 희화화된 인물에 잘 나타나 있다.

'해학'은 웃음을 자아내는 언행이나 요소를 뜻하는데, 특히 문학을 비롯한 예술 작품에 담긴 웃음의 요소나 표현을 가리킨다. 유머나 익살이 주로 일반어로 쓰이는 데 비해 해학은 주로 전문어, 특히 비평 용어로 쓰이는 경향이 강하다. '해학이 넘치는 마당놀이'나 '김유정 문학의 해학'의 경우처럼 한국 문학이나 우리 전통 예술을 논할 때에는 해학이라는 용어를 널리 쓴다. 서양 예술을 논할 때에는 비평 용어로 유머와 해학을 함께 쓰기도 하는데, 이 경우에는 그 둘의 의미를 엄밀하게 구별하기 어렵다.

해학은 풍자와 곧잘 대비되어 쓰인다. 풍자가 부정적인 인물을 조롱하고 비꼼으로써 비판적 웃음을 유발하는 특성이 있다면, 해학은 소외되거나 억압받는 인물을 따뜻한 시선으로 바라봄으로써 슬픔이나 아픔을 웃음으로 반전시키는 특성이 있다.

한편 '골계'는 웃음을 자아내는 문학의 요소로서, 기지·반어·풍자·해학 등을 모두 포괄하는 말이다. 국문학자 조동일은 골계를 부드러운 골계와 사나운 골계로 구분한 바 있는데, 전자는 해학, 후자는 풍자로 볼 수 있다.

이야기와 스토리와 플롯

'이야기'는 개인 간에 오가는 대화나 담화를 가리키기도 하지만, 어떤 줄거리나 주제나 완결된 내용을 가진 말을 가리키기도 한다. "내가 재밌는 이야기 하나 해 줄까?"라면서 꺼내는 이야기는 최소한 완결성 있는 언술을 가리킨다. 유머 한 토막일 수도 있고 떠도는 소문일 수도 있으며 자신의 경험담일 수도 있다.

이야기는 더 나아가 일정한 길이의 줄거리가 있는, 상상력에 의한 허구의 말이나 글을 가리킬 수 있다. 할머니가 손주에게 들려주던 옛날이야기나, 세에라자드가 목숨을 보전하기 위해 술탄에게 들려주었다는 아라비아 민담 모음집 『천일야화』 등이 전형적인 예이다. 물론 여기에 우화나 전설, 신화 등도 포함될 수 있다.

'스토리'는 일정한 내용과 줄거리를 담은 말을 가리킨다는 점에서 이야기와 비슷한 점이 있다. "그의 성공 스토리는 많은 사람의 이목을 끌었다."에서 '성공 스토리'는 '성공 이야기'로 바꾸어도 큰 무리가 없다. 최근 주목받고 있는 스토리텔링도 이야기를 재미있고 생생하게 전달하는 행위를 가리킨다는 점에서 이야기와 관련성이 있다.

스토리는 또한 소설, 영화, 연극, 만화, 애니메이션 등의 줄거리나 내용을 가리키기도 한다.

㉮ 영화의 스토리는/이야기는 잘 기억나지 않지만 한 장면만은 머릿속에 또렷이 남아 있다.

㉯ 그 만화는 스토리/이야기 전개가 그다지 매끄럽지 않다.

스토리와 이야기는 위의 예처럼 교체가 비교적 자연스러운 경우와 그렇지 않은 경우가 있다. ㉮의 예가 단순히 줄거리를 가리킨다면, ㉯의 예는 전달하고자 하는 내용을 가리킨다.

'플롯'은 이야기나 스토리보다 훨씬 복잡하고 정교한 개념을 가진 말이다. '스토리'가 단순히 사건의 진행을 시간 순서에 따라 배열한 것이라면, '플롯'은 사건을 개연성 있게 이끌면서 원인과 결과를 긴밀하고 극적으로 서술한 것이라는 점에서 차이가 있다. 곧 스토리는 서사 장르의 단순한 이야기 재료이거나 간추린 줄거리이고, 플롯은 독자나 관객이 매료될 수 있도록 다양한 장치와 기법을 도입하여 예술적으로 재구성한 이야기이다. 시간을 거슬러 과거의 회상 장면을 보여 주는 플래시백flashback, 이야기 전개에 불안감과 긴박감을 부여하는 서스펜스suspense, 의외의 결말에서 오는 서프라이즈surprise 등이 플롯의 중요 기법이다.

흔히 플롯은 발단(이야기 도입 부분), 갈등(인물 간의 갈등), 절정(갈등이 극에 달하면서 전환점을 맞음), 대단원(갈등이 해소되고 결말을 맞음)의 구조를 가진다. 대단원은 파국이나 역전으로 끝나는 경우가 많다. 파국은 비극일 경우가 그러하고, 역전은 비극이든 희극이든 독자와 관객은 물론 주인공 자신에게 새로운 발견을 가져다주기도 한다.

한편 플롯은 단일 플롯과 이중 플롯(또는 다중 플롯)으로 분류하기도 하는데, 전자는 하나의 이야기를 가지고 작품을 전개하는 구성을 가리키고, 후자는 두 가지 이상의 이야기를 서로 엇섞어서 작품을 전개하는 구성을 가리킨다. 이중 플롯은 이야기의 중심을 이루느냐 곁가지를 이루느냐에 따라 중심 플롯(메인 플롯)과 부차적 플롯(서브플롯)으로 나누기도 한다.

이유와 원인

'이유'나 '원인'은 공통적으로 어떤 일이 일어난 까닭을 가리키지만 둘 사이에는 차이가 있다. "왜 이렇게 늦었니?"는 이유를 묻는 일이고, "지진은 왜 일어날까?"는 원인을 묻는 일이다. 이는 "늦은 이유가 뭐야?", "지진의 원인은 무엇일까?"로 바꾸어 말할 수 있다. '이유'는 어떤 행동이나 현상이 일어나게 된 사정·곡절·동기를 가리키고, '원인'은 어떤 현상이나 사태, 사건을 일어나게 만드는 요소·원천·조건을 가리킨다. '늦은 이유'는 늦게 된 사정이나 곡절을 의미하고, '지진의 원인'은 지진 현상을 일으키는 지질학적 요소나 조건을 의미한다. 다음의 예들도 이러한 구별법으로 설명할 수 있다.

㉮ 제발 이유는/원인은 묻지 마세요.

㉯ 이유/원인 없는 반항.

㉰ 원인을/이유를 알 수 없는 질환.

㉱ 사고의 원인을/이유를 조사하다.

㉮와 ㉯는 "제발 사정이나 곡절은 묻지 마세요.", "동기를 알 수 없는 반항."으로 바꾸어 읽을 수 있고, ㉰와 ㉱는 "병을 일으키는 요소나 조건을 알 수 없는 질환.", "사고를 일어나게 만든 요소나 원천을 조사하다."로 바꾸어 읽을 수 있다. 앞의 것에는 원인이 불가능하고 뒤의 것에는 이유가 불가능하다. 그런데 이유와 원인이 둘 다 가능한 경우도 있다.

㉲　입 냄새가 나는 이유가 뭐지?

㉳　입 냄새가 나는 원인이 뭐지?

㉲와 ㉳를 보면 이유와 원인이 동일한 문장에 쓰이고 있지만 그 의미는 서로 다르다. ㉲는 입 냄새가 나게 된 사정이나 연유를 묻는 것이고, ㉳는 입 냄새를 일으키는 요인이나 요소를 묻는 것이다. 따라서 그 질문에 대한 답은 다음과 같이 달라진다.

㉴　입 냄새가 나는 이유는 이를 잘 안 닦았기 때문이야.

㉵　입 냄새가 나는 원인은 구강 질환에 있다.

앞에서 보듯 대체로 이유가 이끌어 내는 답(이유가 무엇인가에 대한 설명)이 상식과 직관에 의한 것이라면, 원인이 이끌어 내는 답(원인이 무엇인가에 대한 설명)은 지적인 분석과 추론에 의한 것이라고 할 수 있다. 다만 여기서 어떤 답이 상식적·직관적이냐, 분석적·추론적이냐 하는 것은 다분히 상대적이다.

㉜ 네팔에 지진이 잦은 이유는 두 개의 지각판이 부딪치는 곳에 위치해 있기 때문이다.

㉝ 가정불화의 원인은 부부가 서로 자기 생각만을 고집하는 데 있다.

㉜의 이유가 분석적·추론적이라고 할 수도 있고, ㉝의 원인이 상식적·직관적이라고 할 수도 있다. 따라서 상식적이냐 분석적이냐만 가지고 이유와 원인의 차이를 설명하는 것은 무리가 있다.

한편 이유는 '핑계'나 '구실'의 뜻을 가질 때가 있다. 이 뜻은 일의 까닭이라는 원뜻에서 그리 멀지 않다. "그는 벌써 일 년째 이런저런 이유를 대면서 빚을 갚지 않고 있다."

에서 이유는 핑계를 뜻한다고 할 수 있는데, 핑계는 결국 '구차한 이유'라는 점에서 이유와 맞닿아 있기도 하다. 원인은 이와 유사한 뜻을 가질 수 없다.

일과 노동과 근로

　'일'은 사람이 생산적이고 가치 있는 것을 이루기 위해 몸을 움직이거나 머리를 쓰거나 하는 모든 활동을 의미한다. '노동'도 사람이 생계를 이어 가기 위해 행하는 육체적·정신적 활동을 뜻한다는 점에서 일과 크게 다르지 않다. 그렇지만 두 단어는 다음 몇 가지 점에서 구별된다.

　첫째, 일은 일상어이지만 노동은 전문어의 특성이 있다. 가령 '일을 한 대가로 돈을 받다'와 '노동의 대가로 임금을 받다'에서 일과 노동은 서로 의미가 다르지 않으나, 전자는 일상적으로 쓰는 구어인 데 비해 후자는 경제학이나 사회학 등의 영역에서 주로 쓰는 문어이다. 이런 점 때문에 일과 달리 노동은 다른 말과 어울려 전문 용어를 풍부하게 생산해 낼 수 있다. 노동의 결합력을 보여 주는 예로 "노동 계급, 노동 단체, 노동 삼권, 노동 시장, 노동 운동, 노동 쟁의, 노동조합, 단순노동, 육체노동, 임금 노동, 잉여 노동, 자유노동, 정신노동" 등을 들 수 있다.

　둘째, 일은 구체적이고 특정한 작업이나 활동을 가리

킬 수 있으나 노동은 그러기 어렵다.

㉮   나는 그 일이/노동이 적성에 맞지 않는다.
㉯   그는 공사판에서 노동을/일을 한다.

'어떤 일'이 적성에 맞지 않는다고 할 수는 있어도 '어떤 노동'이 적성에 맞지 않는다고 할 수는 없다(㉮의 경우). 어떤 일이란 예컨대 장사하는 일, 영업하는 일, 사무 보는 일, 가르치는 일과 같이 생계를 위한 활동뿐 아니라 숙제하는 일, 밥 먹는 일, 잠자는 일과 같은 일상의 활동도 모두 포괄한다. 그에 비해 노동은 추상적 의미의 육체적·정신적 활동을 가리킨다. '노동은 신성하다', '기업은 노동을 구매하는 수요자다'와 같이 추상화된 활동을 가리키는 경우가 그러하다. 그런가 하면 노동이 오직 육체적 작업만을 가리키는 경우도 있다. 공사판에서 노동을 한다고 하는 경우가 그렇다(㉯의 경우). 흔히 접두어 '막–'을 붙여서 '막노동'이라 부르기도 하는데, 이는 특별한 기술이나 지식 없이 몸을 써서 하는 고된 일을 일컫는다. 여기에는 그 일을 업신여기고 홀대하는 느낌이 담겨 있다.

셋째, 일은 어떤 맥락에서 문제, 경험, 기억, 상황 등의 의미를 나타낼 수 있으나 노동은 그럴 수 없다.

㉲ 너 무슨 일/노동 있었니?

㉳ 난 그곳에 간 일이/노동이 없다.

㉴ 그는 지난 일을/노동을 곰곰이 돌이켜 보았다.

㉵ 엄마한테 혼날 일을/노동을 생각하니 겁이 난다.

㉶ 화장실에서 일을/노동을 보고 있는데 전화가 왔다.

앞의 예에서 보듯 일은 '무슨 일이 있었니'에서는 문제를 가리키고(㉲의 경우), '그곳에 간 일이 없다'나 '지난 일을 돌이켜 보다'에서는 경험이나 기억을 가리키며(㉳와 ㉴의 경우), '엄마한테 혼날 일'에서는 상황을 가리키고(㉵의 경우), '화장실에서 일을 보다'나 '첫날밤에 일을 치르다'에서는 용변이나 성관계를 완곡하게 이르는 뜻을 나타낼 수 있지만(㉶의 경우) 노동은 그런 뜻을 나타낼 수 없다.

한편 '근로'는 생계유지 활동이라는 점에서 노동과 뜻이 같으나 두 단어 사이에는 대립적 긴장감이 서려 있다. '노동자'와 '근로자', '노동절'과 '근로자의 날'은 이념 진영에 따라 선호가 다르다(현행 법률에서는 5월 1일을 '근로자의 날'로 제정함). 진보 진영은 노동자와 노동절을, 보수 진영은 근로자와 근로자의 날을 선호한다. 또 일반적으로 법률 영역에서는 근로를(근로 감독관/근로 계약/근로 기본권/근로 기준법/근로 소득세 등), 경제 영역에서는 노동을 더 널리 쓰는 경향이 있다(노동 단체/노동조합/노동 시장/노동 분쟁 등). 근로는 본래 부지런히 일한다는 뜻으로 오래전부터 사용되어 오던 말이었으나(『조선왕조실록』 원문 검색의 경우 '勤勞'가 615회 사용됨), 현대에 들어 부지런할 근勤의 의미가 약화되거나 소실되어 근로는 사실상 노동과 거의 같은 의미의 말이 되었다. 다만 노동계를 포함한 진보 진영에서는 '부지런히 일한다'는 원뜻이 사용자(기업주)의 이익을 대변한다는 이유를 들어 근로라는 말을 기피하는 경향이 있다.

자기와 자신과 자기 자신

우리말에서의 재귀칭은 '자기, 저, 당신' 등이 있는 것으로 알려져 있다. 재귀칭(또는 재귀 대명사)이란 문장에서 주어 등의 성분이 되풀이되는 것을 피하기 위해 쓰이는 대명사를 가리킨다. 가령 "창호는 자기를 혐오한다."에서 '자기'는 '창호'를 되가리키는 재귀칭으로, 한 문장 안에서 명사 '창호'가 되풀이되는 것을 피할 수 있게 해 준다. 한 문장에서 같은 명사(특히 유정 명사)가 반복되는 것은 번거로울 뿐 아니라 부자연스럽기도 하다.

'저'와 '당신'은 높임의 정도만 다를 뿐 '자기'와 기능이 같다. "우리 아이는 늘 저만 위해 달라고 한다."에서 '저'는 아이를 낮추는 뜻이 있고, "할아버지는 당신의 사업을 위해 평생을 헌신하셨다."에서 '당신'은 할아버지를 높이는 뜻이 있지만, 둘 다 '자기'로 바꾸어도 크게 문제가 되지는 않는다. 자기는 낮추지도 높이지도 않는 평칭일 뿐 '저, 당신'과 근본적으로 같은 말이다.

'자신'과 '자기 자신'도 앞에 나온 말을 도로 가리킨다는 점에서 자기와 다를 바 없다.

㉮　창호는 자기를/자신을/자기 자신을 미워한다.

㉮에서 '자기, 자신, 자기 자신'은 모두 창호를 가리킨다는 점에서 같다. 굳이 셋의 차이를 꼬집자면 자연스러움의 정도가 서로 미세하게 다르다고 할 수 있다. 곧 '자기 자신'이 가장 혀에 잘 붙고 '자신'은 무난하며 '자기'는 다소 덜 매끄럽다.

그런데 다음의 예에서는 자기와 자신과 자기 자신의 지시 대상이 서로 다를 수 있다.

㉯　민수는 창호가 자기를 미워한다고 생각한다.
㉰　민수는 창호가 자신을 미워한다고 생각한다.
㉱　민수는 창호가 자기 자신을 미워한다고 생각한다.

㉯의 '자기'는 민수를 가리키고, ㉱의 '자기 자신'은 창호를 가리키는 데 반해, ㉰의 '자신'은 우선적으로 창호를 가리키지만 민수를 가리킬 가능성도 없지 않다. 일반적으로 복문 구성에서 자기는 상위문의 주어를 가리키고, 자신

이나 자기 자신은 내포문의 주어를 가리키는 경향이 강하다. 다만 자신은 자기 자신에 비해 가리키는 대상이 다소 유동적인 것으로 보인다.

자기는 주로 3인칭 주어를 가리킬 뿐, 1인칭과 2인칭 주어를 가리키기는 어렵다. 자기와 달리 자신과 자기 자신은 3인칭 주어는 물론 1, 2인칭 주어를 가리킬 수 있다(㉳와 ㉴의 경우).

㉳ 나는 자신을/자기 자신을/자기를 원망했다.
㉴ 너는 자신을/자기 자신을/자기를 채찍질해야 한다.

그런가 하면 자기는 다른 명사와 결합하여 합성어나 구를 이룰 수 있지만 자신은 그럴 수 없다(㉵의 경우).

㉵ 자기기만/자신 기만, 자기도취/자신 도취, 자기만족/자신 만족, 자기변명/자신 변명, 자기 자본/자신 자본, 자기 최면/자신 최면

반면 자신은 강조적 표현으로 사용할 수 있지만, 자기는 그럴 수 없다(㉶와 ㉷의 경우).

㉠ 그 순간 나 자신도/자기도 모르게 소리를 지르고 말 았다.

㉡ 그 문제는 너무 어려워 선생님 자신도/자기도 풀 수 가 없었다.

위 문장의 경우 '나도 모르게', '선생님도'라고 할 수도 있지만 자신을 덧붙여 '나 자신도 모르게', '선생님 자신도' 로 표현함으로써 좀 더 강조하는 느낌을 나타낼 수 있다. 그렇지만 자기는 이렇게 쓰일 수 없다.

자존심과 자존감

    윤흥길의 소설 「아홉 켤레의 구두로 남은 사내」(1977)는 명색이 대학까지 나왔지만 경제적으로 무능하여 가족조차 부양하기 어려운 한 남자에 관한 이야기를 담고 있다. 그는 임신한 아내의 수술비를 마련할 수 없을 만큼 전락한 도시 빈민이지만 자신이 안동 권씨이고 대학을 나왔음을 자랑스럽게 여긴다. 특이하게도 그는 구두만은 늘 반짝거리게 닦아 신고 다닌다. 작가는 이에 대해 "구두코가 유리알처럼 반짝반짝 닦여 있는 한 자존심은 그 이상으로 광발이 올려져 있을 것"이라고 썼다. 주인공 권 씨에게 구두는 마지막 자존심이자 최고의 사치였던 셈이다.

    사전적 정의에 따르면 '자존심'은 "남에게 굽히지 않고 자신의 품위나 위신을 지키려는 마음"이다. 이는 얼핏 매우 긍정적인 의미로 읽히지만 실제로는 긍정과 부정의 의미가 다 들어 있다. 쓰러져 가는 초가에 살면서도 결코 불의와 타협하지 않는 선비의 자존심이 긍정의 일면이라면, 남이 자신을 하찮게 여길까 무서워 짐짓 내세우는 자존심은 부정의 일면이라 할 수 있다. 곧 어떠한 경우에도 올바른 가치를 굳게 지키고자 하는 자존심은 더할 나위 없이 아름다울 수 있지만, 고작 체면이나 위신을 지키기에 급급하는 자존심은 비루할 수 있다.

기실 자존심이 남이 나를 무시하지 않고 인정해 주기를 바라는 마음일 때 나의 존재는 되레 초라해질 수밖에 없다. 주인공 권 씨가 수술비 융통을 부탁했다가 거절당하자 집주인인 나에게 "오 선생, 이래 봬도 나 대학 나온 사람이오."라고 한마디 던지면서 지키려고 했던 자존심은 그를 돋보이게 하기는커녕 한없이 측은해 보이게 한다. 이 경우 자존심은 내세우면 내세울수록 역으로 열등의식과 패배감이 얼비친다.

자존심이 센 사람은 품위 있는 사람이기보다 품위 있어 보이고 싶어 하는 사람일 때가 많다. 그의 진짜 속마음은 남의 시선과 평가를 두려워한다. 짐짓 품위 있는 척, 우아한 척하지만 속으로는 남이 인정해 주고 칭찬해 주기를 기대한다. 열등감의 위장된 얼굴인 이 같은 자존심은 쉬이 상처받고 허망하게 무너진다.

그런가 하면 자존심이 자신을 당당하고 떳떳하게 여기는 자기 긍정의 의미를 가지기도 한다.

㉮ 그 선수는 한국 축구의 자존심이다.

㉯ 안창호 선생은 민족의 자존심을 일깨워 준 교육가
    이다.

어떤 한국 축구 선수가 세계 무대에서 두각을 나타낼
경우, 그는 한국 축구의 자존심일 수 있다(㉮의 경우). 그는
한국인에게 자기 긍정을 불러일으키는 자랑스러운 존재
인 것이다. 도산 안창호가 조선 민족에게 일깨워 준 자존
심 역시 당당한 자기 긍정을 의미한다(㉯의 경우). 도산은 조
선 민족이 자기 비하에서 벗어나 스스로를 가치 있는 존재
로 여기는 일이야말로 국권 회복의 첫걸음이라 생각했으
리라.

'자존감'은 형태나 의미에서 자존심과 닮은 꼴을 하고
있다. '자존+-감'과 '자존+-심'에서 보듯 형태상 비슷한
조어 구성을 보인다. 게다가 "스스로 품위를 지키고 자기
를 존중하는 마음"이라는 사전적 정의도 자존심의 의미와
그다지 멀지 않은 듯하다.

㉰ 자존심이/자존감이 없다, 자존심을/자존감을 지키다

㉺ 자존감이/자존심이 높다, 자존심이/자존감이 세다

자존심이 없는 사람은 자존감이 없는 사람이기도 하고, 자존심을 지키는 일은 자존감을 지키는 일이기도 하다(㉹의 경우). 그런가 하면 자존감은 주로 '높다/낮다' 등과 호응하는 반면, 자존심은 '세다/강하다/상하다' 등과 호응한다(㉺의 경우). 둘 사이의 결정적 차이는 시선의 향방에 있다. 자존심의 시선은 자신의 밖을 향하고 있고, 자존감의 시선은 자신의 안을 향하고 있다. 자존심은 남들이 나를 어떻게 바라보는가에 민감하지만, 자존감은 내가 스스로를 어떻게 바라보는지가 중요하다. 자기 긍정이 타인의 평가에 기대어 이루어지는 것이 자존심이라면, 오로지 스스로에 대한 평가에 의해 이루어지는 것이 자존감이다. 이런 차이 때문에 자존심이 센 것(남의 평가에 예민하게 구는 것)은 오히려 자존감이 낮은 것일 수 있고, 자존심을 죽이는 것(남의 평가에 연연하지 않는 것)이 자존감을 살리는 것일 수 있다. 진정한 자존감이란 남의 평가와 상관없이 자신을 가치 있고 소중한 존재라고 믿는 마음이기 때문이다.

재현과 재연

소리가 비슷해서 의미 구별에 혼란을 일으키는 단어
쌍들이 더러 있다. 결재決裁와 결제決濟, 지향志向과 지양止揚,
가름하다와 갈음하다 등이 그러하다. 사람들은 이 단어들
이 전혀 다른 의미임에도 같은 말로 오인하거나 그 의미를
구별하지 못하여 곤혹스러워하곤 한다. 그런데 재현再現과
재연再演과 재연再燃은 소리가 유사할 뿐 아니라 의미마저도
엇비슷하여 더 큰 혼동을 빚는다.

'재현'은 어떤 대상을 다시 나타내거나 드러내는 것을
말한다. 좀 더 구체적으로 설명하자면, 사물이나 현상을 옛
것이나 본디의 모습에 가깝게 만들어 내거나 글·그림·영
상 등으로 표현하는 것을 뜻한다.

㉮　그는 한평생 고려청자의 재현에 힘을 쏟았다.

㉯　그 소설은 1930년대의 우리 현실을 생생하게 재현하
　　였다.

㉰　그 영화는 컴퓨터 그래픽으로 공룡의 모습을 재현해

냈다.

　고려청자와 같은 옛것을 원래의 모습대로 다시 만들어 내는 일이나(㉮의 경우), 지난 시대의 모습을 글로 눈에 잡힐 듯 생생하게 묘사하는 일(㉯의 경우), 지구상에 현존하지 않는 공룡의 모습을 컴퓨터 그래픽으로 영상화하여 되살려 내는 일(㉰의 경우) 등은 재현의 전형적인 예라고 할 수 있다.

　'재연'再演은 과거에 일어났던 일이나 사건을 다시 벌이거나 해 보이는 것을 말한다.

㉱　피의자는 사건 현장에서 범행을 태연하게 재연했다.

㉲　그 배우는 미스터리 사건을 재연하는 드라마에 출연했다.

㉳　모 의원이 본회의장에서 분뇨를 뿌림으로써 김두한의 '오물 투척 사건'을 재연했다.

　재연은 본래 '예전에 공연했던 연극·콘서트·무용 등을 다시 공연하는 것'('1960년대 연극을 재연하다' 따위)을 가리켰으나, 오늘날에는 '사람들에게 보여 주기 위해 과거에 일어난 일이나 행위를 되풀이함'의 뜻으로 더 많이 쓴다. 피의자가 사건 현장에서 자신이 했던 범행 장면을 경찰에게 보여 주는 일(㉺의 경우), 배우가 드라마에서 어떤 사건의 상황을 연기로 똑같이 보여 주는 일(㉻의 경우), 어떤 의원이 김두한의 오물 투척을 모방하여 같은 행동을 벌이는 일(㉼의 경우) 등이 재연의 전형적인 예다.

그런데 재현과 재연의 구별에 종종 어려움을 겪을 때가 있다. 가령 '영광을 재현하다'인지 '영광을 재연하다'인지 얼른 판단하기가 쉽지 않다. 결론부터 말하면 둘 다 쓰지만 의미의 초점이 약간 다르다고 할 수 있다. '영광을 재현하다'는 "선수들은 우승의 영광을 재현하기 위해 비지땀을 흘리고 있다."에서 보듯 영광을 다시 실현한다는 의미가 강하고, '영광을 재연하다'는 "그는 경기 종료 1분 전에 결승 골을 터뜨림으로써 지난 대회 우승의 영광을 재연했다."에서 보듯 영광의 장면을 다시 보여 준다는 의미가 강하다. 곧 재현은 어떤 사물이나 상태를 다시 되살려 낸다는 점에 방점이 있고, 재연은 어떤 행위나 사태를 다시 보여 주거나 반복한다는 점에 방점이 있다.

한편 '재연'再燃은 잠잠해지거나 수그러졌던 문제가 다시 불거지거나 시끄러워지는 것을 가리킨다. 이는 거의 꺼

졌던 불이 다시 일어난다는 뜻에서 번져 나간 것으로, 다음
과 같이 쓰인다.

　㉔　노사 갈등이 재연되다.
　㉕　양국의 통상 마찰이 재연하다.
　㉖　국경 분쟁이 재연의 조짐을 보이다.

전쟁과 전투

'전쟁'은 서로 대립하는 집단 사이에서 무력을 써서 행하는 싸움을 뜻하나, 엄밀히는 둘 이상의 국가나 교전 단체가 서로 무기를 이용하여 싸우는 일을 가리킨다. 교전 단체는 국제법에서 교전권이 있다고 인정받은 정치 단체로, 내란을 일으킨 정치 단체라 할지라도 국제법상 교전 단체로 인정되면 전쟁의 주체가 될 수 있다. 오늘날에는 한 국가의 선전 포고만으로 전쟁 상태에 돌입한 것으로 간주된다.

'전투'는 서로를 적으로 하는 두 편의 군대가 조직적으로 무장하여 싸우는 일을 가리킨다. 전쟁이 국가와 국가 사이의 무력 충돌을 가리키는 데 반해, 전투는 특정한 시간과 장소에서 군대와 군대가 충돌하는 것을 가리킨다. 곧 전자는 장기적이고 큰 규모의 싸움을 뜻하고, 후자는 상대적으로 단기적이고 작은 규모의 싸움을 뜻한다.

㉮ 6·25 전쟁/전투
㉯ 백마고지 전투/전쟁

‘6·25 전쟁’은 ‘6·25 전투’라 부를 수 없고, ‘백마고지 전투’는 ‘백마고지 전쟁’이라 부를 수 없다. 전쟁은 국가 단위의 큰 싸움을 가리키고, 전투는 군대와 군대 사이의 작은 싸움을 가리키기 때문이다. 대개의 경우 하나의 전쟁은 다수의 전투를 품고 있다. 6·25 전쟁만 하더라도 백마고지 전투를 비롯한 수많은 전투로 점철되어 있다.

ⓓ 전쟁을/전투를 벌이다.
ⓔ 황제는 악명 높은 전쟁광/전투광이었다.
ⓕ 미국은 세계 최강의 전투력을/전쟁력을 보유하고 있다.

전쟁을 벌일 수도 있고, 전투를 벌일 수도 있으나 주체가 다를 수 있다. "일본은 조선 지배권을 놓고 청나라와 전쟁을 벌였다."나 "우리 군은 적군을 유인하여 전투를 벌였다."와 같이 전쟁은 국가, 전투는 군대가 문장 주어로 쓰일 때 적절하고 자연스럽다. 전쟁과 전투는 의미 차이로 인해 서로 다른 파생어나 합성어, 구를 낳는다. 전쟁은 ‘전쟁광/전쟁범/전쟁터/전쟁고아/전쟁 문학/전쟁 범죄/전쟁 포로’

와 같은 단어와 구를, 전투는 '전투기/전투력/전투병/전투복/전투함/전투화/전투태세/전투 경찰/전투 부대/전투 비행/전투 식량'과 같은 단어와 구를 거느린다.

그런가 하면 전쟁은 비유적으로 쓰여 극심하거나 혼란스러운 경쟁을 뜻하는 경우가 있으나 전투는 그런 뜻을 가지지 못한다. 다음의 예가 그것을 잘 보여 준다.

㉫ 가격 전쟁/전투˟, 귀성 전쟁/전투˟, 예매 전쟁/전투˟, 입시 전쟁/전투˟, 출근 전쟁/전투˟

정과 사랑

흔히 우리 민족은 정이 많은 민족이라고들 한다. 이방인의 평가인지 스스로 내린 자화자찬인지 알 수 없지만, 그같은 언설은 언젠가부터 의문의 여지가 없는 지론으로 받아들여지고 있다. 하지만 정이 많은 민족이 어찌 우리 민족뿐이랴? 세계 어디든 사람 사는 곳에는 정이 꽃피기 마련 아닌가? 사람들이 함께 어우러져 사는 일은 필연적으로 정을 주고받는 일일 수밖에 없다. 혹자는 정을 외국어로 번역할 수 없다고도 말한다. 그만큼 정이 우리만의 독특한 정서를 나타낸 말이라는 것이다. 그렇지만 외국어로 쉬이 번역이 되지 않는 단어가 어디 정뿐이겠는가? 대체로 추상 명사의 경우 그 단어의 의미와 말맛이 백 퍼센트 딱 들어맞는 외국어를 찾기란 결코 쉬운 일이 아니다. 따라서 정을 우리만의 고유한 정서나 심성으로 치부하는 것은 그다지 설득력을 가지기 어렵다. 굳이 우리에게 정이 독특한 무엇이라고 주장하려면 그 근거를 심리적 현상에서 찾기보다는 그것이 사회나 문화 속에서 가지는 구실과 기능에서 찾아야 하리라.

　'정'의 가장 일반적 정의는 '어떤 사람이나 동물과 오랫동안 함께 지내면서 생기는 친근한 마음'이다. '정이 들다, 정이 가다, 정을 쌓다, 정을 나누다, 정을 주다, 정을 쏟다' 등의 예는 대체로 그 같은 정의와 잘 들어맞는다. 어떤 사람이나 동물과 정이 들거나 정을 쌓거나 정을 나누기 위해서는 오랜 시간 한 공간에서 함께 지내거나 자주 만나는 과정이 필요하다. 함께 어울리면서 희로애락을 같이하다 보면 어느 순간에 마음이 열리고 허물없는 사이가 될 터이다.

　그렇지만 정이 반드시 사람과 사람(또는 동물) 사이에서만 생기는 것은 아니다. 장소나 물건, 일 등에 대해서도 정이 생길 수 있다. '정든 고향', '정이 가는 물건', '뜨개질에 정을 붙이다' 등의 예는 사물과의 관계에서도 정이 생겨날 수 있음을 보여 준다. 이 경우에는 '사물을 오랫동안 접하면서 생기는 친숙한 마음'이 좀 더 합당한 정의라 할 수 있다. 이 정의는 앞서 든 일반적 정의와 약간의 차이는 있지만 본질적으로는 같다.

　어떤 문맥에서는 정이 좀 더 넓은 뜻으로 쓰이기도 한다. '추모의 정, 회한의 정, 석별의 정, 연민의 정, 흠모의 정,

개전의 정'과 같이 감정을 함의하는 명사와 함께 쓰이는 정은 친근하거나 친숙한 마음이라기보다 어떤 감정이나 기분을 느끼는 마음을 뜻한다. '고운 정, 미운 정'이라고 할 때의 정도 '곱게 여기는 마음, 미움을 느끼는 마음'을 가리킨다는 점에서 넓은 의미의 정이라고 할 수 있다.

'사랑'은 종종 정과 대비되곤 하는데, 다른 사람을 아끼고 소중히 위하는 마음을 뜻한다는 점에서 정의 의미와 크게 다르지 않다.

㉠   이웃에게 사랑을/정을 베풀다.
㉡   자식에게 사랑을/정을 쏟다.
㉢   부부의 정/사랑, 혈육의 정/사랑

사랑을 베푸는 것과 정을 베푸는 것, 사랑을 쏟는 것과 정을 쏟는 것 사이에 차이를 발견하기 어렵다. 둘 다 어떤 사람에게 따뜻한 관심을 가지고 아끼고 위하는 마음을 베풀거나 쏟는 것을 가리킨다는 점에서 같다. 부부의 정과 부부의 사랑, 혈육의 정과 혈육의 사랑 또한 부부나 혈육 간에 서로 아끼고 위하는 마음을 가리킨다는 점에서 정과 사랑이 다르지 않다. 그런데 사랑과 정은 서로 다른 서술어와 호응하기도 한다.

  ㉑ 그는 그녀를 보는 순간 사랑에/정에 빠지고 말았다.

  ㉒ 두 사람은 여러 해 동안 한솥밥을 먹고 지내면서 정
    이/사랑이 들었다.

 사랑에 빠질 수는 있지만 정에 빠지기는 어렵고, 정이
들 수는 있지만 사랑이 들 수는 없다. 이 같은 호응어의 차
이는 두 단어의 상이성을 함축적으로 보여 준다. 곧 사랑은
순식간에 빠르고 뜨겁게 일어나므로 늪에 빠지듯 빠질 수
밖에 없고, 정은 오랜 시간에 걸쳐 은근하게 일어나므로 과
실에 맛이 들듯 혹은 잎에 단풍이 들듯 시나브로 들 수밖에
없다. 사랑은 불붙기도 하고 사랑에 눈멀 수 있는 반면, 정
은 불붙어 눈멀 수는 없지만 오래도록 쌓아 가면서 깊어지
고 두터워질 수 있다. 이렇듯 사랑과 정은 진행 속도와 열
정의 강도에서 상이한 양상을 보인다고 할 수 있다.

  ㉓ 그날 밤 두 사람은 격정적인 사랑을/정을 나누었다.

  ㉔ 그날 밤 두 사람은 은밀히 정을/사랑을 통했다.

'사랑을 나누다'와 '정을 통하다'는 둘 다 성관계를 맺는 것을 가리킬 수 있으나, 둘의 뉘앙스는 다르다. 사랑을 나눈다는 말은 연인 사이의 성관계를 에두르거나 중립적으로 표현한 것이지만, 정을 통한다는 말은 간음과 같은 성관계를 부정적으로 이르는 말이다. 참고로 덧붙이자면, '정을 나누다'는 일반적으로 다른 사람과 친밀한 관계나 시간을 갖는다는 뜻을 지니지만 '운우의 정을 나누다'와 같은 형태로 쓰일 때에는 성관계를 가진다는 뜻을 나타내고, '사랑을 나누다'는 일반적으로 성관계를 맺는 것을 가리키지만 때로 다른 사람과 친밀한 관계나 시간을 갖는 것을 가리키기도 한다.

　한편 정은 '모정, 부정, 애정, 연정, 온정, 우정, 인정, 치정'과 같은 한자어와 상하의 관계를 이루는데 애정, 인정과는 부분적 유의어 관계를 이루기도 한다('정을 쏟다'나 '정을 주다'의 정은 애정으로 바꿀 수 있고, '정이 많다'나 '정이 넘치다'의 정은 인정으로 바꿀 수 있다).

　그런가 하면 정과 사랑은 고유어와 결합하여 다음과 같은 복합어를 만들어 낸다.

　㉮　덧정, 속정, 옛정, 잔정, 첫정, 풋정

㉝   내리사랑, 속사랑, 옛사랑, 짝사랑, 참사랑, 첫사랑,
    치사랑, 풋사랑

속정과 속사랑, 옛정과 옛사랑, 첫정과 첫사랑, 풋정과
풋사랑은 정과 사랑이 그러하듯 닮은 듯 다르다. 가령 옛정
은 지난날에 맺은 정('옛정을 봐서라도 용서해 주게'), 옛사
랑은 옛날에 맺었던 사랑('옛사랑을 잊지 못하다')을, 풋정
은 채 무르익지 않은 정('하룻밤의 풋정을 쉬이 떨쳐 버리
지 못하다'), 풋사랑은 서툴고 풋풋한 사랑('소년 소녀의 풋
사랑을 그린 소설')을 가리킨다.
    '사랑'은 중세 국어 'ᄉᆞ랑'에서 온 말이다. 중세어에서
'ᄉᆞ랑'은 생각思과 사랑愛의 뜻을 다 가지고 있었는데 중세
에는 전자의 사용 빈도가 더 높았다.

정열과 열정

'정열'은 내면에 끄기 어려운 불을 가지고 있는 상태를 말한다. 그 불은 매우 뜨겁고 강렬한 에너지, 곧 무언가를 위해 온몸을 사를 수 있는 저돌적인 힘을 가지고 있다. 정열은 맹목적일 수도 있고 통제하기 어려울 수도 있다. 말하자면 안에서 맹렬히 솟구쳐 나오는 감정의 자발적 유로流露 같은 것이다. 내면의 불길은 원천적으로 혹은 생래적으로 지니기 마련인데 주변 여건이나 상황에 따라 더 활활 타오르기도 한다.

'열정'도 정열처럼 내면에 불을 가진 상태다. 물론 그 불의 열기도 정열의 것과 다를 바 없다. 다만 그 불길은 맹목적이기보다 잘 통제되어 있고, 무언가를 위해 의도적 집중이 잘 이루어져 있다. 내면의 불길이 반드시 원천적이거나 생래적일 필요는 없다. 목표가 분명하고 의지가 확고하면 열정은 언제든 샘솟을 수 있다.

'정열적인 사람'이 에너지가 넘치고 무슨 일에든 적극성을 가진 사람을 뜻한다면, '열정적인 사람'은 어떤 일에 뜨거운 애정을 가지고 온 마음을 기울여 열중하는 사람을 뜻한다. 한마디로 전자가 피가 뜨겁고 화끈한 사람이라면, 후자는 주어진 일에 열성을 다하는 목표 지향적인 사람이다. 또 '정열적인 사랑'이 제어하기 어려운 격정의 사랑이라면, '열정적인 사랑'은 온 마음을 다하여 몰입하는 사랑이다.

이러한 차이를 감안할 때 '정열의 나라 스페인'을 '열정의 나라 스페인'으로 바꾸기는 어려워 보인다. 스페인의 플라멩코와 투우는 격정과 환호의 드라마를 연출한다는 점에서 열정이 아닌 정열의 표상으로 보는 것이 더 적확할 듯하다. 반대로 "그는 새로 맡은 일에 남다른 열정을 보였다."의 경우, 열정을 정열로 바꾸는 것은 그다지 자연스럽지 않다. 특정한 일에 에너지를 집중하는 것은 정열이기보다는 열정이기 때문이다. '학문에 대한 정열이 식다'가 '학문에 대한 열정이 식다'보다 덜 매끄러워 보이는 것도 같은 이유에서이다.

그렇다면 '정열을 쏟다/바치다/불태우다'와 '열정을 쏟다/바치다/불태우다'는 어떠한가? 이 경우에 두 단어는 사실상 동의어에 가깝다. "그는 후학 양성에 정열을 쏟았다."와 "그는 후학 양성에 열정을 쏟았다." 사이에 의미 차이를 발견하기 어렵다. 정열이 내부에 간직한 원천적인 에너지이고, 열정은 목표를 향해 동기화된 에너지이기는 하지만, '쏟다/바치다/불태우다'와 같은 고에너지의 동사와 만나는 순간 본래적 의미가 중화되어 버리기 때문이다. 다음은 정열과 열정이 사용된 예시이다.

㉮ 소낙비를 그리는 너는 정열의 여인,/나는 샘물을 길어 네 발등에 붓는다.(김동명, 「파초」, 1938)

㉯ 사무엘 울만은 「청춘」에서 열정은 청춘과 노년을 결정하는 요인이며, 열정이 있으면 60대도 청춘이고 열정이 없으면 20대도 노년이라고 말한 바 있다.(오근호, 『나를 컨설팅하다』, 2009)

정적과 적막

소리가 없는 상태를 조용하다고 여길 때도 있고 고요하다고 느낄 때도 있다.

㉮ 깊은 밤 온 세상이 조용하다/고요하다.

㉯ 실내에 음악이 조용히/고요히 흐른다.

㉰ 인적조차 없는 겨울 산사는 고즈넉하고 고요했다/조용했다.

㉱ 명상에 잠기면 마음이 고요해진다/조용해진다.

주위에 아무 소리도 들리지 않는 상태를 조용하다고 할 수도 있고 고요하다고 할 수도 있다(㉮의 경우). 그런데 음악이 조용히 흐를 수는 있어도 고요히 흐를 수는 없다(㉯의 경우). '조용하다'는 소리 없는 상태만을 가리키는 것이 아니라, 시끄럽지 않고 귀에 거슬리지 않다면 약간의 소리가 들리는 상태도 가리킬 수 있다. '고요하다'는 아무 소리도 없는 상태를 가리키므로 고요한 음악은 성립하기 어렵다.

게다가 고요함은 소리뿐 아니라 물체의 움직임조차 없는 상태를 가리킬 수 있다. 조용한 산사보다 고요한 산사가 좀 더 자연스러운 것은 그 때문이다(ᄚ의 경우). 또 '고요하다'는 정신적으로 안정되고 평화로운 상태를 가리키기도 하는데, '조용하다'는 그런 상태를 가리킬 수 없다(ᄜ의 경우).

소리 없는 상태를 나타내는 한자어 '적막'과 '정적'은 '조용하다'와 '고요하다'와는 또 다른 미묘한 공통점과 차이점을 보여 준다.

ᄝ 호수의 수면 위로 이따금 물고기가 뛰어오르는 소리만이 적막을/정적을 깼다.

ᄞ 날이 저물자 마을은 적막에/정적에 잠겼다.

물고기가 뛰어오르는 소리가 적막을 깰 수도 있고 정적을 깰 수도 있듯(ᄝ의 경우), 마을이 적막에 잠길 수도 있고 정적에 잠길 수도 있다(ᄞ의 경우). 이 경우에 소리가 없는 상태인 고요함을 객관적으로 나타낸다는 점에서 적막과 정적은 의미가 같다.

그러나 그 고요함이 어떤 주관적 감성을 품고 있느냐에 따라 두 단어의 쓰임이 달라진다.

㉙ 아이들이 모두 떠난 교정에는 적막만/정적만 가득
    했다.
㉚ 그 여인은 적막/정적 산중에서 홀로 임을 기다리고
    있다.
㉛ 일촉즉발의 위기 속에 국경 지대에는 무거운 정적이/
    적막이 감돌았다.
㉜ 아버지가 버럭 소리를 지르자, 순간 방 안은 정적이/
    적막이 흘렀다.

　　방학을 맞거나 폐교가 되어 아이들의 활기찬 웃음소
리를 잃어버린 교정을 관찰자나 서술자는 적막이 가득하
다고 여길 수 있는데 이때의 적막은 쓸쓸함을 품고 있다(㉙
의 경우). 곧 '적막'은 '고요하고 쓸쓸함'을 나타낸다. 홀로 임
을 기다리는 '적막 산중'도 고요하고 쓸쓸한 산중을 가리킨
다(㉚의 경우). 적막과 달리 '정적'에는 쓸쓸함보다는 긴장이
나 불안 등의 정조가 담기는 경우가 많다. 두 나라가 극도
의 대립 상태로 치달아 전쟁이 언제 터질지 모르는 상황에
있을 때 국경에는 정적이 감돌게 되는데, 이때의 정적은 긴
장감을 품고 있다(㉛의 경우). 또 모처럼 가족들이 모여 이야

기를 나누다가 무슨 이유에선지 아버지가 역정을 내는 순간 방 안에는 정적이 흐르게 되는데, 이때의 정적은 불안이나 심리적 위축을 품고 있다고 할 수 있다(㉱의 경우).

한편 적막과 정적은 '-하다'와 결합하여 형용사 '적막하다'와 '정적하다'를 파생하는데, 현대 국어에서 '적막하다'는 매우 빈도 높게 쓰이는 데 비해 '정적하다'는 잘 쓰이지 않는 듯하다. '정적하다'는 다음과 같은 일부 초기 현대 소설에서 주로 검색된다.

㉮   사생舍生들은 다 학교에 가고 사내舍內는 지극히 정적
     하다.(이광수, 「방황」, 1918)

㉯   방 안은 너무 정적하다. 임종에 가까운 병자가 누워
     있는 듯이 고요한데 흰 모시 적삼에 흰치마를 입은
     영숙은 시름없이 앉아 있다.(나도향, 「춘성」, 1923)

아마도 현대 작가라면 위의 '정적하다'는 '적막하다'로 바꾸어 쓸 듯하다.

존경과 공경과 존중

누군가 "당신이 존경하는 사람은 누구인가?"라는 질문에 망설임 없이 대답할 수 있다면 그는 최소한 삶의 나침반을 단단히 그러쥔 사람이다. 그의 생각, 행동, 족적을 통해 삶을 배우고 성찰하며 성장할 수 있기 때문이다. 그에게 직접 가르침을 받지 않더라도 언제 어디서든 이렇게 자문할 수 있다. '그가 지금의 나라면 어떻게 할 것인가?'

'존경'은 어떤 사람을 훌륭하다고 여기어 그를 따르거나 닮으려고 하는 것을 가리킨다. 마음속에 존경심이 일어나려면 상대의 인품에 대한 감동이 있어야 한다. 어떤 일에 대한 능력이나 성취가 탁월하다고 해서 반드시 존경심이 생기는 것은 아니다. 아무리 사회적으로 크게 성공한 사람이라도 도덕적으로 문제가 많거나 말과 행동이 일치하지 않는다면 존경받기 어렵다.

'공경'은 예를 갖추어 윗사람을 섬기는 것을 가리킨다. 상대를 받들어 모신다는 점에서 존경과 다르지 않으나, 그 상대가 반드시 인격적으로 훌륭한 사람이어야 하는 것은 아니라는 점에서 존경과 구별된다.

    ㉮   부모를 존경하다/공경하다.
    ㉯   노인을 공경하는/존경하는 것은 인간의 도리다.

    자기 부모는 존경할 수도 있고 공경할 수도 있다(㉮의 경우). 부모님이 본받고 싶거나 우러러볼 만큼 인품이 훌륭할 경우에 그를 존경하는 마음이 생길 것이고, 인품이 훌륭하지 않더라도 자기를 낳아 준 분이라면 마땅히 그를 공경해야 할 것이다. 존경이 마음속에서 자발적으로 우러나오는 것이라면, 공경은 도덕적 당위에서 비롯되는 것이다. 모든 노인을 존경할 수는 없지만 공경해야 하는 것이 사람의 도리다(㉯의 경우). 웃어른을 깍듯이 모셔야 한다는 생각은 저절로 우러나온 것이라기보다 유교적 도덕관념으로 주어진 것이다. 존경이 내면의 울림에 초점이 있다면 공경은 외적 태도에 초점이 있다.

    한편 '존중'은 어떤 대상을 높이어 중하게 여기는 것을 가리킨다는 점에서 존경이나 공경과 의미의 유사성이 있다. 그러나 그 대상이 인격적으로 훌륭한 사람을 가리키지 않는다는 점에서 존경과 다르고 반드시 윗사람이어야 하는 것은 아니라는 점에서 공경과 다르다.

ⓑ 토론을 하려면 서로를 존중하고/존경하고/공경하고
배려해야 한다.
ⓒ 제발 제 의견을 존중해/존경해/공경해 주세요.

상대를 존중한다는 것은 그를 인격체로서 받아들인다는 의미다. 인격체란 인격적으로 훌륭한 사람이 아니라 판단력과 자율적 의지를 가진 개체를 의미한다. 타인을 지위나 성별, 연령 등을 가리지 않고 자기와 동등한 인격을 가진 사람으로 대하는 것이 존중이다. 서로를 존중하고 배려하지 않으면 토론이 원만하게 진행되기 어려운 것은 그 때문이다(ⓑ의 경우). 상대를 무시하고 얕잡는 순간 토론은 갈등을 증폭시키는 아수라장으로 치닫는다.

'존경하다'와 '공경하다'의 목적어가 사람인 데 비해, '존중하다'는 사람 이외의 추상 명사가 목적어가 될 수도 있다. 의견이나 생각, 입장을 존중할 수는 있지만 존경하거나 공경할 수는 없다(ⓒ의 경우). 의견 외에도 명예, 인권, 생명, 개성 등과 같이 소중한 가치를 가진 대상을 목적어로 취할 수 있다. '명예를 존중하는 군인', '인권을 존중하는 사회', '생명을 존중하는 마음', '아이의 개성을 존중하다' 등과 같은 예가 그것이다.

지식인과 지성인

'지식인'은 아주 높은 수준의 지식을 쌓은 사람을 뜻한다. 그들은 일반적으로 최고의 학력과 고도의 전문 지식을 갖추고 지적 노동에 종사한다. 학자, 예술가, 의사, 법률가, 교사, 종교가 등이 그 부류에 속한다. 사회에서 그들에 대해 높은 도덕성과 책임을 기대하는 경우가 있다. 그들이 사회적 책무를 게을리하거나 당위로서의 규범을 배반할 때 사람들은 실망하고 분노하기도 한다. 또 그들의 심오한 지식이 비판적 사유로 나아가지 못하고 호도와 훼절로 치달을 때 뭇사람의 매도와 질타가 빗발치기도 한다.

그렇다고 지식인이 반드시 도덕적·윤리적 인격과 품성을 가진 자를 의미하는 것은 아니다. 일찍이 장 폴 사르트르는 지식인을 지식 기술자와 구별하여, 지식 기술자가 권력에 순응하면서 지배 계급의 가치관을 전파하는 자를 의미하는 데 반해 지식인은 지배 계급에 저항하면서 피지배 계급의 이익을 옹호하는 자를 가리킨다고 한 바 있지만, 이는 당위로서의 지식인론이라 할 수 있다.

'지성인'은 높은 지적 수준과 함께 도덕성을 갖춘 사람을 뜻한다. 그들의 지식은 기능적·관념적 차원에 머물지 않으며 실존적 삶과 유리되어 있지 않다. 그들은 늘 자신을 성찰하고 앎과 삶, 말과 행동을 일치시키고자 노력한다. 지성인이 지식인일 수는 있지만, 지식인이 항상 지성인인 것은 아니다. 예컨대 석·박사 학위를 가진 자가 지식인일 수는 있지만 반드시 지성인인 것은 아니며, 제도 교육을 제대로 받지 못한 사람이 지식인이기는 어렵지만 독학과 수양을 통해 지성인이 될 수는 있다.

　지식인은 중립적인 말이다. 그 때문에 긍정적·부정적인 말이 모두 앞에 수식어로 올 수 있다. '양심적 지식인/행동적 지식인/어용 지식인/친일 지식인' 등이 그렇다. 지성인은 긍정적인 의미를 갖는 말이다. 따라서 '양심적 지성인/행동적 지성인'은 가능할지라도(지성인은 이미 양심적이고 행동적이므로 이런 말은 불필요한 첨언일 수 있다) '어용 지성인/친일 지성인'은 형용 모순에 해당한다.

　㉮　만고불변 '역사의 길'을 제대로 아는 식자識者만이 지성인의 범주에 들 것이며, '역사의 길'을 제대로 알지 못하는 식자는 한낱 지식인에 불과하다고 할 수 있을

것이다.(강만길, 『역사가의 시간』, 2010)

㉯　육당과 춘원은 (……) 박학다식한 지식인이지만 깊고
　　투철한 역사의식을 지닌 참된 지성인이라고 보기는
　　어렵다……(김태준, 『한국의 고전을 읽는다 6』, 2006)

　흥미로운 것은 영어 'intellectual'에 대한 한·중·일 삼
국의 번역어이다. 우리나라는 지식인知識人과 지성인知性人,
두 단어로 구별해 번역하는 반면, 일본은 '知識人', 중국은
'知识分子', 곧 우리말의 지식인에 해당하는 단어 하나만을
쓴다. 일본에서 知性人은 '호모 사피엔스'의 뜻으로만 쓴다.
우리만이 의미가 분화되어 중립적인 지식인과 긍정적인
지성인을 사용하는데, 이는 '인털렉추얼'이 본래 지닌 양면
적 요소를 살려 변별성 있게 번역한 결과로 보인다.

　한편 러시아어에서 온 '인텔리겐치아'에 대해 우리나
라 사전에서는 지식인과 관련 없이 '지식층/지식 계급'의
동의어로 처리하고 있는데, 일본과 중국에서는 '지식인'과
동의어로 처리하고 있다. 이는 우리가 인텔리겐치아를 집
합 명사적 성격을 띤 단어로 본다는 의미이다.

채소와 야채

'채소'는 잎, 줄기, 뿌리, 열매 등을 부식이나 간식으로 먹기 위하여 재배하는 초본 식물을 가리키며 '남새'라고도 한다. 주식으로 먹는 쌀·보리·밀 등이나, 산과 들에서 절로 자라는 쑥·냉이·고사리 등은 채소의 범주에서 제외된다. 쌀·보리·밀 등은 '곡식' 또는 '곡물'이라 부르고, 쑥·냉이·고사리·고들빼기·씀바귀 등은 '나물' 또는 '푸새'라 부른다. 콩이나 옥수수 등은 곡물에 속하지만 채소로 분류되기도 한다. 사람이 가꾼 채소나 저절로 난 나물을 통틀어 '푸성귀'라고 일컫는다.

채소는 먹는 부위에 따라 잎채소, 줄기채소, 열매채소, 뿌리채소로 나뉜다. 배추·시금치·상추·깻잎 등은 잎채소, 셀러리·죽순·아스파라거스 등은 줄기채소, 가지·오이·토마토 등은 열매채소, 무·우엉·토란·당근 등은 뿌리채소로 분류된다.

'야채'에는 두 가지 뜻이 있다. '채소'와 같은 뜻이 그 하나고, '들나물'과 같은 뜻이 다른 하나다. 앞의 것은 오늘날 매우 활발하게 쓰이지만 뒤의 것은 쓰임을 거의 잃어 가고 있다.

㉮ 나는 고기보다는 채소를/야채를 즐겨 먹는다.
㉯ 봄철에는 들나물로/야채로 반찬을 해 먹으면 잃었던 입맛이 돌아온다.

야채는 채소와 같은 의미로 쓰일 뿐 아니라 사용 빈도도 채소에 뒤지지 않지만(㉮의 경우), 들나물의 뜻으로 쓰이는 것은 낯설고 어색하다(㉯의 경우). 하지만 한 시대 전에는 야채가 들나물의 뜻으로 널리 쓰였던 것으로 보인다. 『세종실록』에 "又令徧諭軍中 勿食野菜不知名者"(또 두루 군중에 타일러서 이름 모르는 야채를 먹지 못하게 하였다)라는 구절을 발견할 수 있는데, 여기서의 '野菜'(야채)는 들나물의 뜻으로 쓰인 것으로 보인다. 무슨 이유인지 알 수 없으나 오늘날 야채는 채소의 동의어로만 사용될 뿐 들나물의 뜻으로는 사실상 사어화되고 있다.

그런데 야채의 쓰임에 대해 종종 시비가 인다.

㉰ 우리말로는 나물과 남새다. 한자말 좋아하는 글쟁이

들은 채소라고도 했다. 왜 이런 뻔한 말을 하나? 사람들이 모두 우리말을 하지 않고 일본말 따라 '야채'라 하기 때문이다. 책이고 신문이고 방송이고 상품 광고고 온통 일본말 '야채'만 쓰면서 조금도 부끄러운 줄 모른다.(이오덕, 「들나물 산나물」, 2003)

윗글은 야채를 일본말로 단정 짓고 있지만 그에 대한 구체적 근거는 제시하지 않았다. 이와 관련하여 국립국어원 홈페이지의 묻고 답하기 게시판 '온라인가나다'에는 야채가 일본식 한자어인지 묻는 질문이 꾸준히 올라오는데, 국어원은 야채가 일본식 한자어가 아니라고 하면서도 그 근거를 뚜렷이 제시하지 못한다.(『조선왕조실록』 등에 '野菜'가 나타난다는 사실만 가지고 일본 한자어가 아니라고 할 수는 없다. 야채가 '들나물'이 아닌 '남새'의 뜻으로 사용된 경우가 있는지 밝혀져야 적극적 근거가 될 수 있다.) 현재로서는 학술적 논증이 명쾌하게 이루어질 때까지 기다릴 수밖에 없다.

일본 한자어인지 여부와는 별개로, 야채는 채소와 함께 우리말 속에 자리 잡은 것으로 보인다. 야채는 채소와 의미가 다르지 않지만 용법의 차이를 보인다.

㉺ 채소 원예/야채 원예, 열매 채소/열매 야채, 밭에 채
    소를/야채를 심다.
㉻ 야채샐러드/채소샐러드, 야채주스/채소주스

　채소는 농학이나 작물학 등에서 식물을 분류할 때, 또
는 그 식물을 심어 가꾸는 대상으로서 이를 때 주로 쓰이
고(㉺의 경우), 야채는 그 식물이 음식이나 식품명이 될 때 더
많이 쓰이는 경향이 있다(㉻의 경우). 물론 이러한 구별이 절
대적인 것은 아니다. 채소와 야채는 서로 넘나들며 쓰이는
경우가 더 많다. '신선한 채소', '채소 가게' 못지않게 '신선
한 야채', '야채 가게'도 자연스럽다. 또 "우리 아이는 야채
를 통 먹지 않아요."를 "우리 아이는 채소를 통 먹지 않아
요."로 바꾸어도 아무런 거부감이 없다. 앞으로도 이 두 단
어는 서로 경쟁하면서 오래도록 함께 쓰일 것으로 보인다.

—— 글이 인쇄된 수백(혹은 수십, 수천) 페이지의 종이가
표지와 함께 묶인 물건

책과 도서와 서적과 책자

책은 정신적 거인들의 놀랍고도 탁월한 사유를 만날 수 있는 손쉬운 통로이다. 시간과 공간을 뛰어넘어 플라톤, 노자, 공자, 셰익스피어, 니체, 도스토옙스키와 같은 위대한 정신의 숨결을 생생히 느끼는 일은 오직 책을 통해서만 가능하다. 책상머리에서뿐 아니라 전철 안에서든 공원 벤치에서든 가볍게 펼쳐 들 수 있는 이 매혹적인 물건은 우리를 순식간에 상상의 공간으로 이끌기도 하고 지혜의 바다에 빠뜨리기도 한다.

'책'이라고 하면 종이 인쇄물을 묶어서 사각형으로 재단한 것을 바로 떠올리지만, 책이 늘 그 같은 형태를 하고 있었던 것은 아니다. 서양에서는 중세 이전까지만 해도 파피루스(갈대와 유사한 식물의 줄기로 만든 필기 재료)나 양피지(양가죽을 무두질하여 만든 필기 재료)로 된 책이 주류였고, 동양에서도 중국의 채륜이 종이를 만들어 내기 전까지는 죽간(대나무를 길게 쪼개어 만든 필기 재료)으로 된 책이 지배적 형태였다.

이른바 종이책이 폭발적으로 성장한 것은 제지술과 인쇄술이 화학 결합을 하면서부터이다. 중세 후기에 중국에서 서양으로 전래된 종이는 얇고 가벼우면서도 적당히 질겼으므로, 견고하지 못한 파피루스나 무겁고 값비싼 양피지를 빠르게 밀어냈고, 15세기 중반에 구텐베르크가 개발한 활판 인쇄술은 필사에 의존하던 종래의 출판 방식을 획기적으로 바꾸어 놓았다. 책의 성장에 종이와 활판 인쇄가 필요조건이었다면, 대중의 강렬한 지식 욕구는 충분조건이라 할 수 있다. 신의 초월적 힘에 의존하던 사람들이 자율적 주체로 서기 위해서는 미망으로부터 벗어나게 할 지식의 힘이 필요했다. 종이책의 대량 보급은 소수 엘리트에게 독점되었던 지식의 높은 벽을 무너뜨리면서 지식의 대중화를 가져왔다.

이제 책은 종이 대신에 디지털이라는 새로운 형태의 매체와 만나고 있다. 정보와 지식을 디지털로 변환한 전자책은 전통적인 책의 물성을 잃어버렸다. 손으로 쥘 수도 없고 잉크 냄새를 맡을 수도 없으며 한눈에 볼 수 있도록 책장에 나란히 꽂아 놓을 수도 없다. 그 콘텐츠는 오직 PC나 스마트폰, 전용 단말기 등을 통해서만 볼 수 있으며, 그조차 전원을 끄는 순간 요술 램프의 요정처럼 가뭇없이 사라져 버린다. 하지만 휴대용 단말기만 있으면 수천 권의 책을 담아 가지고 다닐 수 있으며 검색 기능을 사용해 원하는 책과 내용을 순식간에 찾을 수 있을 수 있다는 엄청난 매력을 지녔다.

책은 이렇듯 시대와 지역에 따라 다양한 형태로 존재해 왔음에도 변하지 않는 본질적 속성을 가지고 있다. 그것은 다름 아닌 읽을거리라는 점이다. 너무나 당연한 말이지만 책과 '읽다'라는 동사는 뗄 수 없는 관계이다. 읽을 수 없거나 읽지 않을 책은 책으로서 무용하다. 책을 읽는다는 것은 타인의 생각과 삶을 읽는 일이고 자신의 협애한 세계를 넘어서는 일이다. 그것은 경이롭고도 즐거운 경험이 아닐 수 없다.

그런데 책의 유의어인 '도서'와 '서적'의 경우에는 읽는다는 경험이 그다지 중요하게 작용하지 않는 듯하다. 도서·서적의 개념이 책과 달라서가 아니다. '글이 인쇄된 수백(혹은 수십, 수천) 페이지의 종이가 표지와 함께 묶인 물건'을 가리킨다는 점에서 책·도서·서적은 아무런 의미 차이가 없다. 그럼에도 도서와 서적은 '읽다'와 호응하는 것이 썩 매끄럽지 않다.

㉮ 그는 요즘 책을/도서를/서적을 읽는 즐거움에 빠져
있다.

'책을 읽는 즐거움'은 자연스럽지만 '도서를 읽는 즐
거움'이나 '서적을 읽는 즐거움'은 낯설다. 그뿐만 아니다.
'새 책, 재미있는 책, 책을 덮다'는 모두 자연스럽지만, 도서
나 서적의 경우 '새 도서/서적, 재미있는 도서/서적, 도서/
서적을 덮다'가 모두 부자연스럽다. 이 같은 쓰임의 차이는
범용성 유무에 있다. 곧 책은 일상적으로 널리 쓰이는 말인
데 비해 도서와 서적은 제한적으로 쓰이는 말이다. 도서와
서적은 주로 문어에 쓰이고, 책은 구어와 문어에 모두 폭넓
게 쓰인다. 가령 책의 경우 '책을 사다'와 '책을 구입하다'가
모두 가능하지만, 도서의 경우 '도서를 구입하다'가 주로
쓰인다.

그런가 하면 책은 문장 속에서 독립적으로 쓸 수 있으
나, 도서와 서적은 합성어나 '명사+명사' 형태의 구로 쓰이
는 경우가 많다.

㉯ 도서 열람, 도서 목록, 도서 전시회, 도서 정가제, 재
고 도서, 우량도서, 추천 도서

㉱　기술 서적, 문학 서적, 미술 서적, 법률 서적, 종교 서
　　적, 의학 서적, 사회 과학 서적

위에서 보듯 도서와 서적은 공통적으로 합성어나 구
로 쓰이는 경향이 강하지만, 결합하는 말이 약간 다르다.
㉯의 도서를 서적으로 바꾸는 것이 자연스럽지 않고, ㉱의
서적을 도서로 바꾸는 것이 썩 매끄럽지 않다. 도서는 도서
관·서점·출판·교육 등에서 많이 사용하는 용어로 보이고,
서적은 분류 영역에서 주로 사용하는 용어로 보인다. 가령
도서 열람은 도서관에서, 도서 목록은 출판에서, 재고 도서
는 서점에서, 우량도서는 교육 영역에서 주로 쓰이고, 기술
서적, 문학 서적, 종교 서적 등은 책을 특히 분야별로 분류
할 때 쓰는 말이다. 이러한 구분은 대체적 경향에 따른 것
일 뿐 절대적인 것은 아니다. 실제로 두 단어는 서로 중첩
되어 쓰이기도 한다. '수입 도서'와 '수입 서적', '신간 도서'
와 '신간 서적', '교양 도서'와 '교양서적', '도서 판매량'과
'서적 판매량' 등은 둘 다 쓰이는 말이다.

한편 '책자'는 어떤 목적(특히 어떤 정보나 내용을 널
리 알리고자 하는 목적)을 가지고 만든 책을 이르는 말이
다. '홍보 책자, 여행 안내 책자, 상품 소개 책자, 교육 자료

용 책자'나 "그는 이적성 책자를 소지한 혐의로 경찰의 수사를 받았다."와 같이 쓰인다. 책자는 얇고 작은 형태를 띨 때가 많고(이 경우에는 소책자라고 부르기도 한다), 비매품으로 발행되는 경우도 많다. 팸플릿, 브로슈어 등은 책자의 하나라고 할 수 있다.

철학과 사상

'철학'이란 무엇인가? 국어사전에서는 "인간과 세계에 대해 근본 원리를 이성적으로 탐구하는 학문"이라고 정의하고 있다. 이 같은 정의에 따르면 철학은 학문의 하위어인 셈이다. 그러나 철학은 단순히 여러 학문 중의 하나라기보다는 모든 학문의 토대를 이루는 '학문의 학문'이요, 앎의 의미를 묻는 '앎의 앎'으로 보는 것이 더 타당할 것 같다. 다른 학문이 문제 해결을 추구하고 현상을 분석하는 사고 활동이라면, 철학은 그보다 훨씬 근원적이고 반성적인 사고 활동이라 할 수 있기 때문이다. '삶은 무엇인가', '나는 누구인가', 혹은 '왜 아무것도 없지 않고 무엇이 존재하는가'와 같은 본원적인 물음을 철학은 궁극까지 밀고 간다. 쉽사리 풀리지 않는 물음을 품고 그에 대한 답을 찾아가는 기나긴 과정이 철학이다.

'철학'은 일차적으로 삶과 세계를 궁구하는 사고 활동이지만, 그 결과물로서의 지식 체계일 수도 있다. 이는 '학문'이 사고 활동임과 동시에 그 지식 체계를 가리키는 것과 같다. 가령 '철학을 한다'라는 말은 자신의 삶과 세계를 궁구하는 사고 활동을 한다는 뜻이고, '철학을 공부한다'라는 말은 철학자들이 이룩해 놓은 지식 체계를 학습한다는 뜻으로, 전자의 철학은 동사적이고 후자는 명사적이다. 그런데 사고 활동 없는 지식 체계만 가지고는 진정한 의미의 철학이라 부르기 어렵다. '칸트 철학'이라고 했을 때 그 의미는 칸트의 사고 활동이라기보다 칸트가 구축해 놓은 지식 체계, 이론, 사상을 가리킨다. 곧 '칸트 철학'은 '칸트 사상'과 사실상 의미가 같다.

'사상'은 사유를 통해 얻어진 지식과 이론 체계이다. 사상에는 진리를 추구하는 사고 활동의 의미가 없다. 철학이 물음을 던지는 활동이고 물음을 반복하는 과정이라면, 사상은 물음이 완료된 답이고 사고 작용이 도출한 결과이다. 사상은 어떤 형태로든 완성된 것이지만, 철학은 태생적으로 완성에 이를 수 없다. 답을 얻는 순간 곧바로 또 다른 물음에 직면할 수밖에 없는 것이 철학의 숙명이기 때문이다.

그런데 사상이 '칸트 사상'이나 '노장사상'처럼 심오한 지식과 이론만을 가리키는 것은 아니다. '여성 차별의 봉건적 사상'이나 '언어로 사상과 감정을 표현하다'에서처럼 사람들의 마음속에 자리 잡고 있는 생각이나 견해를 뜻하기도 한다. 이 점은 철학도 비슷하다. 학문으로서의 철학, 근원적이고 반성적인 사고로서의 철학 외에 세계관이나 인생관, 혹은 신념으로서의 철학이 있다. "사람들은 제 나름의 철학을 가지고 살아간다.", "요즘 젊은이들은 인생에 대한 확고한 철학이 부족하다." 등의 경우가 그것이다.

한편 '철학자'와 '사상가'를 같은 말로 취급하는 경우가 많은데, 두 단어에는 적잖은 차이가 있다. 철학자는 철학을 전문적으로 하는 사람이고, 사상가는 심오한 사상을 완성하여 일가를 이룬 사람이다. 철학자는 철학 박사 학위를 가진 사람이나 철학과 교수, 철학 저술을 남긴 이론가 등에게 모두 주어질 수 있는 자격이지만, 사상가는 그의 사상이 동시대와 후세에 커다란 영향력을 미친 사람에게만 부여될 수 있는 지위이다. '철인'哲人은 널리 알려져 있고 영향력이 크다는 점에서 '사상가'와 다르지 않으나 주로 지난 시대에 활동한 사람을 가리킨다.

참고로 철학哲學의 어원을 말하자면, 영어 'philosophy'의 번역어로 일본에서 생긴 말이다. 일본의 번역가이자 교육자인 니시 아마네西周가 『백일신론』百一新論(1874)이라는 책에서 처음 사용한 말로, 우리나라와 중국에서 받아들여 지금도 널리 사용하고 있다. philosophy는 그리스어 'philosophia'에서 유래한 것으로, '지혜'를 뜻하는 'sophia'와 '사랑하다'를 뜻하는 'philo'가 합쳐진 단어다.

체념과 단념과 포기

우리는 마음에 품었던 꿈이나 기대를 접고자 할 때 체념하거나 단념하거나 포기한다. 체념과 단념과 포기는 모두 하고자 했던 일을 어쩔 수 없이 하지 않기로 마음을 바꾸는 것을 가리킨다.

㉮ 한동안 고심했지만 체념을/단념을/포기를 하고 나니 도리어 마음이 편안해졌다.

욕망과 상황이 충돌할 때 갈등이 일어난다. 욕망을 내려놓는 순간 갈등이 해소되어 마음의 평안을 되찾기도 한다. 이렇듯 욕망을 내려놓는 일을 '체념'이나 '단념' 또는 '포기'라고 부른다. 이들 단어는 각기 고유한 빛깔을 띠고 있다.

㉯ 연이은 꿈의 좌절이 마음속에 체념으로/단념으로/포기로 자리 잡았다.

ⓐ 처용은 아내의 불륜을 본 뒤 분노를 체념의/단념의/
포기의 미학으로 승화시켰다.

'체념'은 단념이나 포기와 달리 욕망을 내려놓기까지
긴 시간을 필요로 한다. 오랫동안 간절히 품어 왔던 꿈을
단숨에 떨쳐 버릴 수는 없다. 상실의 아픔을 견디는 인내의
시간이 필요하다. 그 시간을 견디고 나서야 서서히 욕망의
자장에서 벗어나 체념에 다다를 수 있다(ⓐ의 경우). 체념은
또한 삶에 대한 고뇌와 관조, 비움의 결과로 얻어지는 깨달
음이기도 하다. 그 깨달음은 심미적 예술로 승화되기도 한
다. 신라의 기인奇人 처용이 밤늦도록 놀다가 집에 돌아와
아내와 다른 사내(역신)가 동침하고 있는 장면을 목격하곤
슬며시 빠져나와 노래를 부르고 춤을 추었는데, 그 행위는
아픔을 체념의 미학으로 승화시킨 것이라 할 수 있다(ⓐ의
경우).

'단념'은 하려던 일을 하지 않기로 마음을 먹는 것을
가리키고, '포기'는 하던 일이나 하고자 했던 일을 하지 않
는 것을 가리킨다. 곧 단념이 생각을 그만두는 것이라면 포
기는 행동을 그만두는 것이다(축자적으로 해석하자면 단
념은 생각念을 끊는斷 것이고, 포기는 사물을 던지고抛 버리

는棄 것이다). 가령 '탈출을 단념하다'가 탈출에 대한 생각을 그만두는 것이라면, '탈출을 포기하다'는 탈출하는 행동을 그만두는 것이다. 단념은 주관적 사유 작용이고, 포기는 객관적 실천 행위이다.

 ㉣ 그 회사는 사업 포기로/단념으로 인해 막대한 손실을 입었다.

 ㉤ 국적을 포기하기/단념하기 위해서는 일정한 절차와 방법에 따라야 한다.

사업 포기는 사업을 그만두겠다고 마음먹는 일이 아니라 실제로 사업을 그만두는 일이다. 그것은 현실 행위로, 회사에 막대한 손실을 입힐 수 있다(㉣의 경우). 국적 포기도 실제로 실현된 현실 행위라는 점에서 사업 포기와 다르지 않다. 그것을 실행에 옮기려면 정해진 절차와 방법에 따라야 한다(㉤의 경우).

촉각과 감촉과 촉감

인간의 감각은 오감, 곧 시각, 청각, 후각, 미각, 촉각으로 이루어져 있다. 시각이 눈, 청각이 귀, 후각이 코, 미각이 혀에 감각 세포가 집중되어 있는 데 비해, 촉각은 전신에 감각 세포가 분포되어 있다. 다른 감각과 달리 촉각은 온몸으로 느끼는 특성을 띤다. 부드러움, 딱딱함, 뜨거움, 차가움, 따가움, 쓰라림 등은 몸의 모든 부위에서 느낄 수 있다.

촉각의 민감도는 신체 부위에 따라 다르다. 손끝, 손바닥은 다른 부위보다 감각이 더 예민하다. 손이 물체에 닿는 순간 손의 감각 세포는 물체의 질감을 섬세하게 감지해 낸다. 만지고 쓰다듬고 주무르고 더듬는 일은 느낌을 잘 포착하기 위한, 손의 다양한 기능이자 책략이다.

'촉각'이 피부의 감각 기능이라면, 물체에 접촉했을 때 피부가 실제로 느끼는 감각은 '감촉' 또는 '촉감'이라고 부른다.

㉮ 국부에 마취 주사를 놓아 촉각을/감촉을/촉감을 차

단했다.

㉯   벨벳은 감촉이/촉감이/촉각이 부드럽다.

수술을 받기 위해 환부에 마취 주사를 맞으면 메스를 갖다 대어도 통증을 느낄 수 없게 되는데, 이때 차단되는 감각 기능이 촉각이다(㉮의 경우). 시각이 눈으로 보는 일이 아니라 사물을 보는 눈의 기능이듯, 촉각은 피부로 감각을 느끼는 일이 아니라 감각을 느끼는 피부의 기능이다. 그와 달리 벨벳을 손으로 만지거나 살에 대었을 때 부드러움을 느끼는 일은 촉각이 아니라 감촉 또는 촉감이다(㉯의 경우).

그렇다면 감촉과 촉감은 같은 말인가? 앞뒤 순서만 다를 뿐 한자도 같고 쓰임새도 비슷하여 일부 국어사전은 두 단어를 동의어로 처리하고 있다. ㉯의 경우를 보면 벨벳의 부드러움을 느끼는 것은 감촉일 수도 촉감일 수도 있어 얼핏 동의어처럼 보인다. 그러나 정말 동의어인지는 좀 더 찬찬히 살펴볼 필요가 있다.

㉰   모래의 감촉을/촉감을 발바닥으로 느끼며 바닷가를 거닐다.

㉱   아이들이 모래밭에 앉아 손으로 모래의 촉감을/감촉

을 즐기며 논다.

맨발로 바닷가 모래사장을 걸으면서 발에 모래가 밟히는 감각을 느낀다면 그 감각은 촉감보다는 감촉이라고 하는 게 더 적확해 보이고(㉲의 경우), 아이들이 고운 모래를 가지고 손장난을 하면서 모래의 부드러운 질감을 느낀다면 그 감각은 감촉보다 촉감이 더 적절해 보인다(㉳의 경우). 이 차이는 어디서 오는가? 감촉은 어떤 물체가 피부에 닿는 것을 느끼는 일을 가리키고, 촉감은 어떤 물체를 피부에 접촉하여 어떤 느낌을 가지게 되는 일을 가리킨다. 곧 감촉은 감각의 수동성·비의도성을, 촉감은 감각의 능동성·의도성을 함의한다.

㉲ 뺨을 스치는 바람의 감촉이 상쾌하다.
㉳ 한번 만져 보세요. 촉감이 달라요.

㉲는 감각의 수동성과 비의도성을, ㉳는 능동성과 의도성을 더 분명하게 보여 준다. 단지 바람이 뺨에 닿는 것을 인지하는 것이 감촉이라면, 천을 의도적으로 만져 보고 그 느낌이 어떤지를 분별하는 것이 촉감이다.

능동성·의도성 여부와 상관없이 감촉과 촉감의 감각 내용은 동일할 수 있다. 곧 감촉이든 촉감이든 몸이 감지하는 느낌은 똑같이 부드럽거나 딱딱하거나 꺼칠꺼칠할 수 있다.

탐닉과 몰입과 몰두

어떤 일에 빠지는 것은 짜릿하고 흥분되는 일이다. 그 순간만은 다른 생각을 잊을 수 있다. 걱정도 시름도 날려 버릴 수 있다. 찌르르한 황홀감을 맛보기도 한다. 그렇지만 무엇에 지나치게 빠지는 것은 종종 부정적 결과를 가져오기도 한다. 술에 빠지고, 노름에 빠지고, 재물에 빠지는 것은 삶을 황폐화하기도 한다.

이렇듯 술, 노름, 재물 등에 빠지는 일을 '탐닉'이라 부른다. 그것은 강력한 자장에 이끌리듯 어떤 대상에서 헤어나지 못하는 상태를 가리킨다. 처음에는 자기가 좋아서 대상을 선택하더라도 탐닉 상태가 되는 순간 대상에 대한 통제력을 잃어버릴 수도 있다. 대상으로부터 벗어나고 싶어도 벗어날 수 없게 되는 것이다. 이른바 '중독'으로 치닫기도 한다.

'몰입'은 어떤 일에 깊이 빠지는 것이고 그로 인해 짜릿한 쾌감을 느끼는 일이라는 점에서 탐닉과 닮아 있다. 하지만 몰입은 일반적으로 부정적인 일을 대상으로 하지 않는다. 중독과 같은 부정적 결과를 가져오지도 않는다.

㉮　그는 노름에 탐닉해/몰입해 있다.
㉯　그는 자신의 연주에 몰입해/탐닉해 있다.

　노름에 탐닉한다고는 말하지만 노름에 몰입한다고는 말하지 않는다(㉮의 경우). 반대로 피아니스트가 자신의 독주회에서 연주에 몰입할 수는 있지만 탐닉할 수는 없다(㉯의 경우). 몰입은 어떤 일에 깊이 빠져 고도로 집중하고 있는 상태를 가리키는 말로서, 부정적 문맥에 쓰이는 탐닉과 달리 주로 긍정적인 문맥에 쓰인다. 또한 몰입은 어느 순간에 이뤄지는 일회적 사건에 쓰이는 반면, 탐닉은 장기적으로 지속되는 사건에 쓰인다.

㉰　그는 십수 년 전부터 신비주의에 탐닉해/몰입해 있다.
㉱　그는 스피커에서 흘러나오는 음악에 몰입해/탐닉해 있다.

　신비주의에 장기간 반복적·지속적으로 탐닉할 수는 있어도 몰입하기는 어렵고(㉰의 경우), 지금 이 순간 흘러나

오는 음악에 몰입할 수는 있어도 탐닉할 수는 없다(㉺의 경우).

한편 '몰두'는 어떤 일에 온 마음을 기울이고 있는 상태를 가리킨다는 점에서 몰입과 유사하다. 또한 주색, 노름 등과 같이 부정적인 일을 대상으로 하지 않는다는 점도 몰입과 비슷하다. 그렇지만 탐닉과 몰입이 쾌감이나 즐거움에서 추동력을 얻는다면, 몰두는 당위에서 추동력을 얻는다.

㉻ 창호는 독서에 몰두했다/몰입했다.
㉼ 그는 사업에 몰두했다/몰입했다.

독서를 대상으로 몰두할 수도 있고 몰입할 수도 있다(㉻의 경우). 둘 다 독서에 집중하는 행위를 가리키지만, 몰두하는 것은 당위로 행하는 뜻이 강하고 몰입하는 것은 즐거움을 얻기 위해 행하는 뜻이 강하다. 또한 전자는 딴짓을 하지 않고 오로지 독서에 집중한다는 의미가 있고, 후자는 독서에 온통 마음을 빼앗겨 어떤 외부 자극에도 영향을 받지 않는 상태에 있다는 의미가 있다. 몰두가 '열중'이라면, 몰입은 '삼매경'에 가깝다. 그런가 하면 어떤 사람이 사업에 몰두하는 것은 가능하지만 사업에 몰입하는 것은 가능하지 않다(⑪의 경우). 사업은 하고 싶어 못 견디는 것이라기보다 마땅히 해야 하는 것, 당위이기 때문이다. 물론 사업을 하면서 쾌감이나 즐거움을 느낄 수는 있지만 사업을 하게 하는 본질적인 힘은 목표에 대한 의지 또는 성취동기일 터이므로, 사업은 몰입의 대상이 아니라 몰두의 대상이다.

한 가지 더 첨언하자면 몰입은 짧은 시간에 이루어지고, 몰두는 장기간에 걸쳐 이루어지는 경우가 많다. 몰두와 주로 호응하는 사업·학문·연구·수련 등의 대상이 대체로 오랜 시간을 요하는 것이기 때문이다. 그렇다고 짧은 시간에 이루어지는 일에 몰두를 쓸 수 없는 것은 아니다. "그는 한 시간 동안 시험공부에 몰두했다." 역시 가능한 문장이다.

패러다임과 프레임

어느 시대에나 그 시대를 지배하는 이론이나 사고 체계가 있다. 고대 그리스 천문학자 프톨레마이오스가 천동설을 주장한 이래 오랫동안 과학자를 포함한 모든 사람들은 우주의 중심은 지구이고 모든 천체는 지구의 둘레를 돈다고 굳게 믿었다. 16세기의 폴란드 천문학자 코페르니쿠스가 지동설을 주장할 때까지 천동설은 사람들에게 의심할 여지 없는 진리였던 것이다.

미국의 과학사학자 토머스 새뮤얼 쿤Thomas Samuel Kuhn에 의하면 천동설과 지동설은 패러다임의 소산이다. 이 경우 '패러다임'이란 과학자 집단이 공유하고 있는 믿음과 인식 체계를 가리킨다. 어떤 패러다임이 그 시대를 지배하는 주도적 이론이 될 때, 그 이론을 기반으로 한 과학은 정상 과학normal science이 된다. 정상 과학이 확고하게 자리 잡고 있는 동안에는 그 근본 원리에 대한 어떤 검증이나 반증도 허용되지 않는다. 풀리지 않는 문제나 변칙 사례들은 무시되거나 배제된다. 그러다가 변칙 사례가 증가하고

대안적 패러다임이 강력하게 대두되어 풀리지 않던 문제를 해결하면 과학 혁명이 일어나게 되고 그 결과 새로운 정상 과학이 성립한다. 말하자면 천동설에 대해 지동설은 과학 혁명을 거쳐 새로운 정상 과학으로 등극한 경우라 할 수 있다.

쿤이 그의 책 『과학 혁명의 구조』(1962)에서 제시한 '패러다임'이란 개념은 과학자 집단의 인식 체계라는 의미에 머무르지 않고, 한 시대 사람들의 견해나 사고를 지배하는 인식의 체계를 가리키는 뜻으로 확장되어 쓰이고 있다.

미국의 인지 언어학자 조지 레이코프George Lakoff는 '프레임'이란 '특정한 언어와 연결되어 연상되는 사고 체계'라고 정의한다. 어떤 단어를 들었을 때 우리 머릿속에서는 그 단어와 결부된 프레임이 작동된다는 것이다. 특히 정치적 은유는 특정한 프레임을 작동시킨다. 가령 '세금 폭탄'이라는 말은 감세를 주장하는 보수당이 세금에 대한 부정적 이미지를 강조하기 위해 만들어 낸 정치적 은유라 할 수 있다. 일반 대중은 세금 폭탄이라는 말을 듣는 순간 자기도 모르게 '세금=폭탄=재앙'이라는 프레임에 갇히게 된다.

레이코프는 프레임을 주로 정치적·사회적 의제를 해

석하는 과정에서 작동하는 직관적인 인식 틀로 보았지만, 오늘날 프레임은 인간이 세상을 바라보는 인식의 틀이라는 뜻으로 좀 더 의미가 확장되어 쓰이고 있다. 본래의 기본 의미가 창이나 액자의 틀인 것처럼 프레임은 세상을 보는 마음의 창이라 할 수 있다.

패러다임과 프레임은 인식이나 사고의 틀을 가리킨다는 점에서 의미상 공통점이 있지만, 실제 사용에서는 차이를 보인다.

㉮ 아인슈타인의 상대성 이론은 뉴턴의 기계적 패러다임을/프레임을 전복시켰다.

㉯ 그 기업은 국제 환경에 발맞추어 경영의 새로운 패러다임을/프레임을 모색하고 있다.

㉰ 극우 세력은 진보 집단을 빨갱이로 지칭해 종북 프레임을/패러다임을 씌우려 했다.

㉱ 선거는 서로 이슈를 선점하고 주도하려는 프레임/패러다임 전쟁이라 할 수 있다.

위의 예에서 보듯 패러다임은 '바꾸다/전복하다/모색하다' 등의 동사나 '새/새로운' 같은 관형어와 호응하는 경향이 있으며, 프레임은 '씌우다/짜다' 등의 동사와 호응하거나 '종북 프레임/프레임 전쟁'과 같이 명사와 어울려 구를 이루는 경향이 있다. 또한 패러다임은 한 시대를 지배하는 인식 체계라는 거시적 의미를 가지는 반면, 프레임은 어떤 사람이 세상을 바라보는 인식의 틀이라는 점에서 미시적 의미를 가진다. 패러다임이 새롭게 바뀌거나 특정인에 의해 자의적으로 변화되기 좀처럼 어려운 반면, 프레임은 주어진 맥락이나 상황에 따라 쉽게 바뀔 수 있다. 정치나 선동가 등이 정치적·사회적 이슈를 제기하거나 선거 전략을 짤 때 프레임을 교묘하게 이용하는 것도 프레임의 그런 속성 때문에 가능하다.

편견과 선입견과 고정 관념

'편견'이란 한마디로 말해 치우친 생각이고, 치우친 생각이란 편파적이고 공정하지 못한 사고나 견해를 뜻한다. 이 같은 생각은 흔히 대상에 대한 부정적인 평가를 동반하곤 한다. 흑인은 게으르고 폭력적이라거나 동성애는 사회 질서를 해치는 행위라고 판단하는 경우가 그것이다. 이러한 부정적 평가는 흔히 적대감이나 혐오와 같은 감정을 불러일으키기도 한다. 나치 독일의 홀로코스트는 인종주의적 편견이 얼마나 끔찍한 재앙을 초래할 수 있는지 극단적으로 보여 주는 사례라 할 수 있다.

'선입견'은 어떤 사물에 대해 미리 어떤 것이라거나 어떠할 것이라고 판단하는 생각이나 견해를 가리킨다. 어떤 문맥에서는 종종 편견과 구별하기 어려운 경우가 있는데, 다음과 같은 문장에서 그러하다.

㉮ 그들은 싱글남이라는 선입견을/편견을 가지고 나를 대했다.

㉯ 그는 무슬림이 과격하고 폭력적일 거라는 선입견/편견 때문에 낭패를 당했다.

나이 많은 싱글남은 성격이 까다롭다거나, 무슬림은 폭력적인 사람일 거라는 단정은 근거 없는 잘못일 뿐이다. 싱글남이나 무슬림에 대해 사람들이 일반적으로 가지는 잘못된 생각은 선입견일 수도 편견일 수도 있다. 둘 다 판단 오류라는 점에서 같다. 다만 편견은 잘못 굳어진 생각 때문에 공정하지 못하게 판단하는 것을 뜻하고, 선입견은 대상을 대하기도 전에 미리 판단하는 것을 뜻한다.

㉰ 그는 남자란 모름지기 책임감이 강해야 한다는 편견을/선입견을 가지고 있다.
㉱ 영화평을 미리 읽으면 그것에서 비롯된 선입견/편견 때문에 영화 감상을 그르칠 수도 있다.

여자란 어떠해야 하고 남자란 어떠해야 한다는 생각은 살면서 잘못 주입받은 편견 때문이고, 영화를 보기 전에 전문가의 평을 읽으면 영화를 자기 나름대로 감상하는 데 방해가 될 수도 있는데 이는 선입견 때문이라 할 수 있다.

한편 '고정 관념'은 오래전부터 굳어져서 바뀌기 어려운 생각을 가리킨다. 사물을 단순화하고 유형화하는 판단 작용이기도 하다. 사물을 대하기도 전에 미리 판단하는 측면이 있다는 점에서는 선입견과 유사하고, 사물을 공정하지 못하게 판단하는 측면이 있다는 점에서는 편견과 유사하다. 따라서 나이 많은 싱글남이 까다롭다거나 무슬림은 폭력적이라는 생각이 편견 혹은 선입견인 것처럼 고정 관념일 수도 있다. 다만 편견이 편파성·불공정성에, 선입견이 성급함·섣부름에 강조점이 있는 데 비해, 고정 관념은 경직성과 닫혀 있음에 강조점이 있다.

학력과 학벌

우리나라는 불과 한두 세기 전까지만 해도 엄격한 신분제가 유지되던 사회였다. 신분제 사회란 태어날 때부터 신분이나 계급이 고정되어 개인의 의지나 능력과 상관없이 가문이나 지위, 권력 등이 세습되는 구조를 가진 사회를 말한다. 강고한 신분제가 공식적으로 폐지된 것은 갑오개혁(1894) 이후였다. 이로 인해 노비제와 신분제가 폐지되고 상하 귀천이 없는 새 세상이 열렸다. 물론 갑오개혁에 의한 신분제 폐지는 공식적인 것이었을 뿐, 신분제 의식은 한동안 존속하였다. 반상의 차별이 사실상 사라진 것은 6·25 전쟁 이후라는 것이 일반적인 설이다.

21세기 첨단 시대를 맞고 있는 오늘날, 우리는 또 다른 신분 질서를 목도하고 있다. 이른바 학력과 학벌에 의한 신분 질서가 그것이다. 수년 전의 한 여론 조사를 보면 국민 10명 중 8명이 학력이나 학벌이 인생을 결정한다고 믿는 것으로 나타났다. 학력이 높거나 학벌이 좋아야 좋은 일자리를 얻고 높은 임금을 받으며 훌륭한 혼처를 구할 수 있다고 여긴다는 것이다. 이는 대다수의 국민이 학력이나 학벌이 마치 왕조 시대의 신분과 같이 막강한 구실을 한다고 믿고 있음을 보여 주는 결과라 할 수 있다.

그렇다면 도대체 학력과 학벌이란 무엇인가? 얼핏 비슷해 보이지만 둘 사이에는 엄연한 의미 차이가 있다.

'학력'學歷은 어떤 사람이 공교육을 받은 이력을 가리킨다. 어떤 사람이 고등학교까지만 졸업한 경우에는 고졸 학력을, 대학교를 졸업한 경우에는 대졸 학력을 가졌다고 말한다. 우리나라에서는 대학을 못 나오면 좋은 직업을 갖기 어렵다는 사회적 통념이 강하게 자리 잡고 있어 대학에 진학하는 비율이 매우 높다. 실제로 우리나라의 대학 진학률이 OECD 가입 국가 가운데 가장 높다고 알려져 있다. 교육부와 한국교육개발원에서 발표한 「OECD 교육 지표 2019」에 따르면 대학 이상의 고등 교육 이수율은 우리나라 청년층(25~34세)의 경우 69.6퍼센트로 OECD 국가 가운데 가장 높을 뿐 아니라 2008년 이후 2018년 현재까지 계속 1위를 고수하고 있다. OECD 국가의 고등 교육 평균 이수율이 44.3퍼센트인 것을 보면 우리나라 교육열이 얼마나 높은지 단적으로 알 수 있다.

그러나 이처럼 높은 대학 진학률은 결과적으로 학력

인플레를 가져오고 말았다. 한때 대학생은 상류층의 신분을 나타내는 상징과도 같았으나, 고학력이 희소성을 잃으면서 그 상징적 가치가 퇴색할 수밖에 없었다. 대졸 간판만으로는 더 이상 행세할 수 없는 세상이 된 것이다. 그 빈자리를 메운 것이 바로 학벌이다.

'학벌'은 사회적 지위나 영향력의 원천이 되는 출신 학교(특히 대학)를 가리키거나, 그 학교를 바탕으로 형성된 지배 집단의 세력을 가리킨다. 학벌을 내세운다는 것은 자신이 나온 학교를 내세운다는 뜻이기도 하고, 그 학교가 가지는 사회적 영향력이나 세력을 보란 듯이 과시한다는 뜻이기도 하다. 출신 대학이 이렇다 할 사회적 지위나 영향력을 갖지 못한다고 여겨지는 경우, 대졸 학력자임에도 내세울 만한 학벌이 없다며 깊이 탄식할지 모른다. 그에 반해 출신 대학이 누구나 인정하는 명문대인 경우, 평생 학벌을 번쩍이는 휘장처럼 자랑스럽게 두르고 살아갈 것이다.

피라미드 꼭대기에 있는 0.1퍼센트의 상류층은 자식들을 명문대에 진학시키려 초고액의 사교육을 마다하지 않으며 입시 전문 컨설턴트에게 상상을 초월하는 컨설팅 비용을 쏟아붓는다. 그것이야말로 높은 지위와 신분을 유지하고 공고화하는 최선의 길이라 여기기 때문이다. 명문대는 이제 서민들의 자녀가 도전하기에는 너무나 어려운 난공불락의 요새가 되어 가고 있다. 금력과 정보력에서 엄청난 격차가 있는 서민들이 상류층과 경쟁하는 것은 무망한 일이 아닐 수 없다. 안타깝게도 한 세기 전에 폐지되었던 신분제가 학벌이라는 새로운 형태의 신분제로 부활하고 있는 것이다.

햇빛과 햇볕과 햇살

한여름에 쨍쨍 내리쬐는 것은 '햇빛'인가, '햇볕'인가? 피부는 '햇볕'에 그을리는가, '햇빛'에 그을리는가? 이처럼 아리송한 물음에 선뜻 대답하기 어려울 때 손쉬운 해결 방법 중 하나는 국립국어원의 공식적인 의견을 찾아보는 것이다. 다음은 국어원의 온라인가나다 게시판에 올라 있는 내용이다.

[질문] '햇빛, 햇볕' 두 개의 뜻 차이는 무엇이고 언제 쓰이나요?

[답변] '햇빛'은 '해의 빛'을 뜻하는 말로, '햇빛이 비치다/햇빛을 가리다/풀잎마다 맺힌 이슬방울이 햇빛에 반사되어 반짝이고 있었다.'와 같이 쓰입니다. 그리고 '햇볕'은 해가 내리쬐는 뜨거운 기운을 뜻하는 말로, '따사로운 햇볕/햇볕에 그을리다/햇볕을 받다/햇볕을 쬐다/햇볕이 쨍쨍 내리쬔다.'와 같이 쓰입니다.(2015. 5. 29.)

위 답변은 두 단어에 대해 각각 의미를 밝히고 용례를 제시하면서도, 양자의 차이가 무엇인지 딱 부러지게 설명하고 있지 않다. 맥락으로 미루어 보면, 햇빛이라 쓸 자리에 햇볕을 써서는 안 되고 그 반대의 경우도 마찬가지라고 말하는 듯하다. 곧 '햇빛을 가리다'를 '햇볕을 가리다'로 말하거나 '햇볕에 그을리다'를 '햇빛에 그을리다'로 말해서는 안 된다고 주장하는 것으로 보인다.

위 답변이 정말 그런 주장을 담고 있는 것이라면 고개를 갸웃할 수밖에 없다. 과연 두 단어가 동일한 문맥에서 서로 교체되는 경우가 전혀 없다고 할 수 있는가? 다시 말해 두 단어는 유의 관계를 이루지 못하는 전혀 별개의 말인가? 이 질문에는 '그렇다'라고 답할 수 없다. 언어 현실을 면밀히 관찰해 보면 두 단어가 서로 바뀌어 쓰이는 경우도 적지 않기 때문이다. '따사로운 햇볕, 햇볕에 그을리다, 햇볕을 받다, 햇볕을 쬐다, 햇볕이 쨍쨍 내리쬔다'만큼이나 '따사로운 햇빛, 햇빛에 그을리다, 햇빛을 받다, 햇빛을 쬐다, 햇빛이 쨍쨍 내리쬔다'도 널리 쓰이고 있다.

다음은 작품 속에 나타난 햇빛의 용례이다.

㉮   그의 말대로 겨울이었는데도 햇빛이 따뜻했다.(이승

우,『식물들의 사생활』, 2000)

㉯ 마른 잔디밭에 누워 있으면 햇빛 가운데서도 제일 밝고 다사로운 햇빛이 포근히 내리쬐고…….(손춘익,『작은 어릿광대의 꿈』, 1990)

㉰ 경수의 얼굴은 유난히 새까맣게 햇빛에 그을려 그가 웃을 때마다 그의 치아의 흰빛이 도드라져 보였다.(장석주,『낯선 별에서의 청춘』, 1991)

㉱ 뜨거운 햇빛에 피부가 노출되면 물집이 생기듯 난도 여름 한낮의 직사광선을 받으면 화상을 입어 잎끝이 검게 타들어 간다.(윤금초,『가장 작은 것으로부터의 사랑』, 1992)

햇빛은 파장에 따라 적외선·가시광선·자외선 등으로 나뉜다. 가시광선만이 인간의 눈으로 볼 수 있는데, 가시광선보다 파장이 짧은 것은 자외선이라 하고 파장이 긴 것은 적외선이라 한다. 피부를 검게 그을리는 것은 자외선이고 (자외선은 화학 작용이 강하여 피부를 태우거나 살균 작용을 일으킨다), 해의 온기나 열기를 우리에게 전해 주는 것은 적외선이다(적외선은 열을 일으키는 작용이 있고 투과력도 강해서 의료나 기타 산업 분야에 이용된다). 햇빛은 가시광선뿐 아니라 자외선과 적외선을 모두 포함하는 광선이므로, 햇빛에 그을리거나 햇빛이 따사로운 것은 너무나 자연스러운 일이다.

그에 반해 해의 따뜻하거나 뜨거운 기운인 햇볕은 제한된 문맥에서만 쓰인다. '밝은 햇빛'을 '밝은 햇볕'으로 말하기 어렵고, '햇빛이 반짝이다'를 '햇볕이 반짝이다'로 말하기 어렵다. 그 대신 '햇볕에 빨래를 말리다', '봄 햇볕이 따뜻하다', '양산으로 햇볕을 가리다', '햇볕에 얼굴이 검게 그을다'와 같이 쓸 수 있다. 엄밀하게 말해서 얼굴을 그을리는 것은 적외선이 아닌 자외선의 작용이지만, 뜨거운 기운이 피부를 그을릴 수 있다고 생각하는 것은 언어적 상상력에서 충분히 가능한 일이다. 결론적으로 말하자면, 햇빛과 햇볕은 서로 유의 관계를 가지며 부분적으로 교체되어 쓰일 수 있다. 햇빛은 사용 범주가 넓고 햇볕은 그 범주가 좁으며, 햇볕은 햇빛에 대하여 부분 집합의 관계를 이룬다. 다만, 해의 온기나 열기를 강조하는 문맥에서는 햇빛보다는 햇볕이 더 빈도 높게 쓰인다.

한편 '햇살'은 '해의 빛과 기운'을 뜻한다는 점에서 햇빛과 의미가 크게 다르지 않지만, 둘의 뉘앙스는 다르다. 햇빛이 중립적인 데 반해 햇살은 감성적이다.

㉤ 햇살에 반짝이는 물줄기 속으로 아버지의 옛 모습이 떠올랐다.(김원일, 『노을』, 1997)

㉥ 청명한 아침 햇살이 바람에 실려 만돌이의 눈을 간지럽혔다.(김지용, 『보이지 않는 나라』, 1993)

위의 예에서 햇살을 햇빛으로 바꿀 수는 있지만, 햇살이 더 혀에 부드럽게 감긴다. 위와 같은 서정적인 글에서는 중립적인 단어보다 감성적인 단어가 훨씬 더 잘 어울리기 때문이다. 그 반면에 "식물의 잎은 햇빛을 이용하여 에너지를 만든다."와 같은 글에서는 햇빛을 햇살로 바꾸면 어색하다. 객관적이고 설명적인 글에는 중립적 단어인 햇빛이 더 걸맞다.

행동과 행위

'행동'은 일차적으로 사람이나 동물이 어떤 자극에 반응하여 반사적·본능적으로 몸을 움직이는 것을 가리킨다. 갓 태어난 아기나 새끼가 엄마나 어미의 젖을 빠는 일, 거미가 꽁무니에서 실을 뽑아 그물을 치는 일, 연어가 강을 거슬러 오르는 일 등은 일차적 의미의 행동이라고 할 수 있다.

좀 더 고차적 의미의 행동도 있다. 어떤 목적과 의도를 가지고 지능을 이용하여 몸을 움직이는 일이 그것이다. 사람을 포함한 고등 동물은 목적과 의도를 가지고 지능적으로 행동할 수 있다. 침팬지가 개미를 잡아먹기 위해 나뭇가지(도구)를 사용하는 행동은 반사적·본능적 동작과는 분명하게 구별된다.

인간 특유의 행동은 동물의 행동보다 훨씬 더 복잡하고 다양하다. 그것은 언어를 통한 사고력과 상상력, 소통 능력에서 비롯하기도 하고, 사회적·문화적 동기나 관습 등에서 기인하기도 한다. 예절 바른 행동, 정의로운 행동, 인도주의적인 행동, 부도덕한 행동, 오만방자한 행동 등은 오직 인간에게서만 발견할 수 있는 모습이다.

'행위'는 의지를 가지고 행하는 인간 특유의 활동으로, 행동과 부분적으로 의미가 겹친다. '인도적 행동'과 '인도적 행위', '부도덕한 행동'과 '부도덕한 행위'는 서로 넘나들 수 있다. 이 경우 행동과 행위의 의미는 거의 같지만 둘 사이에 어감의 차이가 존재한다.

㉮ 남의 물건을 훔치는 것은 부도덕한 행동이다.
㉯ 음심을 품는 것은 부도덕한 행위이다.

위의 예에서 보듯 물건을 훔치는 것처럼 눈에 보이는 동작이 있는 경우에는 행동이 더 어울리고, 음심을 품는 것처럼 눈에 보이지 않는 마음 작용에는 행위가 더 걸맞다.

행동과 행위는 자립성 유무에 따라 차이를 보이기도 한다.

㉰ 창수는 행동이/행위가 민첩하다.
㉱ 두 사람은 마음이 잘 맞아 늘 행동을/행위를 같이 했다.

㉮　그는 말과 행동이/행위가 일치하는 사람이다.

　위 예에서 행위가 부자연스러운 것은 독립성을 갖지 못하기 때문이다. 행동은 독립적으로 쓰일 수 있으나, 행위는 독립성이 없어 '명사+행위'나 '관형어+행위'의 꼴로만 쓰인다. '가해 행위/기만행위/기부 행위/배신행위/범죄 행위/보복 행위/부정행위/불법 행위/월권행위/자살행위/폭력 행위'는 '명사+행위'의 예이고, '가해하는 행위, 기만하는 행위' 등은 '관형어+행위'의 예이다.

　행동 역시 '명사+행동'의 꼴이 가능하다. '개인행동/군중 행동/반사회적 행동/번식 행동/보상 행동/이상 행동/집단행동/표현 행동/회피 행동' 등을 예로 들 수 있다. 참고로 밝히자면, 『표준국어대사전』에 실린 '명사+행동'의 표제어는 35개이고, '명사+행위'의 표제어는 118개이다(파생어 제외). 이 같은 복합어나 구는 전문어인 경우가 많은데, 행동의 경우 심리학·동물학·사회학 등의 분야에 분산되어 있다. 행위의 경우 법률·법학 분야에 압도적으로 집중되어 있고, 나머지는 경제학·심리학·사회학 등의 분야에 분산되어 있다.

행복과 복

누구나 살아가면서 행복을 좇지만 행복을 느끼는 방식이나 조건은 사람마다 다르다. 혹자는 돈을 많이 벌면 행복할 거라 믿고, 혹자는 권력을 손에 쥐면 행복할 거라 믿으리라. 또 어떤 이는 사랑하는 사람과 오붓한 시간을 보내면서 행복해할 수도 있고, 누군가는 맛있는 음식을 먹으면서 행복을 느낄 수도 있다. 어떻게 해야 행복을 누릴 수 있는지 정답은 없다.

분명한 것은 그 어떤 행복도 확고하지도, 영속적이지도 않다는 사실이다. 억만금을 가졌는데도, 혹은 최고의 권력자가 되었는데도 행복하지 않을 수 있다. 어제는 꿈결처럼 행복했을지라도 오늘은 우울이 먹구름처럼 무겁게 마음을 짓누를 수도 있다. 행복이란 홀연 날아왔다가 가뭇없이 사라져 버리는 파랑새인지도 모르고, 끝내 잡을 수 없는 산 너머의 무지개인지도 모른다.

비록 행복을 찾아가는 길은 수천수만 개일지라도 행복이 무엇인지는 단 한 줄로 압축할 수 있다. 곧 '행복'은 즐겁거나 기뻐서 삶이 만족스럽다고 느끼는 상태를 가리킨다. 그렇다고 즐거움이나 기쁨 자체가 행복은 아니다. 재미있는 놀이를 하면서 느끼는 즐거움이 곧 행복은 아니며, 옛친구와 해후하는 기쁨이 반드시 행복으로 이어지는 것은 아니지 않은가? 행복은 즐거움, 기쁨에서 한 발 더 나아가 삶이 의미 있고 가치 있게 여겨지는 상태를 일컫는다. 다시 말해 삶에서 환희와 만족을 느끼는 상태가 행복이다.

'복'은 삶에서 누리는 좋은 운수를 가리킨다. 누군가 재물을 많이 가지고 있다면 재물 복을 타고난 것이고, 몸이 아주 건강하다면 건강 복을 타고난 것이다. 한마디로 복은 삶을 풍요롭고 활기차게 해 주는 상서로운 힘이다.

행복과 복은 누구나 바라는 좋은 것이지만 몇 가지 점에서 차이가 있다. 첫째, 행복은 주관적인 감정인 반면 복은 객관적 현상이다.

㉮ 행복을/복을 빌다.
㉯ 두 사람은 지금 달콤한 행복에/복에 젖어 있다.

행복을 비는 일과 복을 비는 일은 얼핏 같아 보이지만 서로 구별되는 행위이다. 자식의 행복을 비는 일이 자식이 삶에 만족을 느끼며 살아가기를 기원하는 일이라면(복을 빌면서 행복을 비는 것이라고 믿는 이도 있을 수는 있다), 자식이 복을 받기를 비는 일은 자식이 출세를 하거나 좋은 배우자를 만나거나 돈을 많이 벌기를 기원하는 일이다. 또한 행복은 주관적 감정 상태이므로 그 느낌에 젖거나 도취할 수 있지만 복은 감정이나 기분이 아니라 객관적으로 존재하는 현상이므로 그럴 수 없다.

둘째, 행복이 마음먹기에 따라 얻을 수도 잃을 수도 있는 것이라면, 복은 생래적으로 가지는 것이거나 초월적 존재나 힘에 의해 주어지는 것이다.

⒟　감사하며 사는 것이야말로 행복의/복의 비결이다.
⒠　새해 복/행복 많이 받으세요.

가진 것이 없어도 범사에 감사하며 사는 삶이 행복의 비결일 수 있지만 복의 비결일 수는 없다. 복은 행복과 달리 자기 의지로 선택할 수도, 욕망을 내려놓음으로써 얻을 수도 없는 것으로, 보이지 않는 불가사의한 힘에 의해 주어질 뿐이다. 따라서 새해 첫날 덕담으로 복 많이 받으시라는 말은 가능하지만 행복 많이 받으시라는 말은 불가능하다.

셋째, 행복은 '-하다'와 결합하여 형용사를 파생하나 복은 '-되다'와 결합하여 형용사를 파생한다. 상태성이 있는 일부 명사나 어근 등에 '-하다'가 붙어서 형용사가 만들어지는 경우가 있는데 '행복하다'가 그러하고, 일부 명사나 어근, 부사 등에 '-되다'가 붙어 형용사가 만들어지는 경우가 있는데 '복되다'가 그러하다. '행복하다'가 즐겁거나 기뻐서 삶이 만족스럽다고 느껴지는 상태에 있는 것이라면, '복되다'는 복을 받거나 누리고 있어 즐거움이나 기쁨을 느끼는 상태에 있는 것이다.

참고로 덧붙이자면, 행복은 19세기 후반에 영어의 'happiness'를 일본에서 번역한 근대 한자어로 알려져 있다. 우리나라에는 개화기 때 일본에서 수입된 것으로 추정된다. 『조선왕조실록』에서는 「고종실록」의 "인세人世의 질서秩序를 유지維持ᄒ고 사회社會의 행복幸福을 증진增進ᄒ라."(「고종실록」, 고종 32년, 1895)에서 행복이 처음 등장했다.

그에 비해 복은 전통적으로 우리 민족의 생활과 의식을 지배해 온 관념이다. 특히 중국 『서경』書經에 나오는 오복五福은 우리 문화에서도 아주 중요한 것으로 인식되어 왔다. 그 다섯 가지는 장수하는 것, 부유한 것, 건강한 것, 좋은 덕을 가진 것, 명대로 살다가 편안히 죽는 것을 가리킨다.

헤엄과 수영과 유영

헤엄을 한번도 쳐 본 적이 없는 사람이 물에 들어가 몸을 수평으로 띄우는 일은 결코 수월한 일이 아니다. 몸이 뭍에서 중력을 느끼는 것과 물속에서 부력을 받는 것은 전혀 차원이 다른 일이다. 헤엄을 처음 친다는 것은 중력의 나라에서 부력의 나라로 입문하는 것이라 할 만하다. 아무리 부력에 몸을 맡기려 애를 써도 몸은 쉽사리 균형을 잃기 마련이다. 그 순간 공포감이 엄습하고 몸에 힘이 들어가면서 몸은 점점 물속으로 가라앉을 수밖에 없다. 헤엄을 치기 위해서는 부력에 온전히 몸을 내맡기고 들숨과 날숨을 잘 조절해야 하는데, 그러려면 무엇보다 물에 대한 공포심을 이겨 내야만 한다. 사람이 대부분의 동물과 달리 본능적으로 헤엄치기 어려운 것은 이 공포심 때문이다.

'헤엄'이란 사람이나 동물 등이 물에 몸을 뜨게 한 상태에서 팔다리를 좌우나 상하, 앞뒤로 움직여 나아가는 일을 가리킨다. 동물에는 개구리·도롱뇽 같은 양서류나 도마뱀·거북·악어 같은 파충류는 물론이고 개·돼지·말 같은 네발짐승과 오리나 백조처럼 물갈퀴가 있는 조류가 포함될 수 있다. 네발짐승치고 헤엄을 치지 못하는 동물은 거의 없다. 이 녀석들은 폐 호흡을 하며 육지 생활에 최적화되어 있지만 물에 빠지더라도 신통하게(사람과 달리 공포를 느끼는 일 없이) 물 위를 잘도 헤엄쳐 간다. 특이한 건 오리, 백조의 헤엄이다. 다른 동물들이 온몸을 물에 담그고 길게 눕거나 엎드린 상태에서 다리를 움직여 헤엄치는 데 비해 오리류는 머리와 몸통을 수면 위에 띄운 채로 다리만 물속에 담그고 물갈퀴를 저어서 헤엄을 친다.

사실 헤엄의 진정한 고수는 따로 있다. 강이나 호수, 바다 등에서 사는 수중 동물이다. 수중 동물은 대부분 아가미로 호흡을 하는데(고래처럼 폐로 호흡하는 수중 동물도 있기는 하다), 붕어·잉어·도미·참치 같은 어류는 물속에서 지느러미와 몸통을 움직여 헤엄을 치고, 오징어·낙지 같은 두족류는 몸통과 다리를 움직여 헤엄을 친다.

'수영'은 사람이 스포츠나 놀이로서, 또는 건강 증진을 위해 일정한 방법으로 물속에서 헤엄을 치는 일을 가리킨다.

㉮   연못에서 잉어가 유유히 헤엄을 치고/수영을 하고

369

있다.

㉯ 그는 주말이면 바다에 나가 헤엄치는/수영하는 것을 즐겼다.

㉰ 물에 빠진 사람들이 허우적거리며 헤엄을 쳤다/수́영́을 했다.

수영은 사람 이외의 동물에 대해 사용하기 어렵다. 곧 잉어나 개, 개구리 등은 헤엄을 칠 뿐 수영을 하지는 않는 다(㉮의 경우). 사람만이 여가 활동으로 즐기거나, 스포츠로서 실력을 겨루거나, 체력을 단련하기 위해 수영을 할 수 있다(㉯의 경우). 수영은 인간만의 문화 활동이다. 따라서 물에 빠진 사람이 본능적으로 팔다리를 허우적거리는 행위를 헤엄이라고 할 수는 있지만 수영이라고 부르기는 어렵다(㉰의 경우). 수영은 연습과 학습을 거쳐 습득할 수 있는 기술이다.

그런데 예문 ㉯에서, '헤엄치는 것을 즐기다'를 '헤엄을 즐기다'로 바꾸면 덜 자연스러운데, 이는 헤엄이 수영과 달리 문장 안에서 자립성이 낮기 때문이다. '수영을 배우다, 수영을 좋아하다, 수영이 서투르다' 등은 모두 자연스러우나 '헤엄을 배우다, 헤엄을 좋아하다, 헤엄이 서투르다' 등은 상대적으로 덜 자연스럽다. 헤엄은 '헤엄치다'나 '헤엄을 치다'의 꼴로 주로 쓰인다. 또 '헤엄하다'는 사전에는 올라 있지만 현대 국어에서 거의 사용되지 않는 말이다.

한편 '유영'은 사람이나 동물이 물속에서 이리저리 헤엄치는 것을 가리키는 말로, 사람과 동물에 대해 모두 쓸 수 있다는 점에서는 헤엄과 비슷하고 '-하다'와 자연스럽게 결합한다는 점에서는 수영과 비슷하다.

㉣ 물풀 사이를 유영하는/헤엄치는/수영하는 물고기 떼.

㉤ 수족관 안을 다이버가 물고기와 함께 유영하고/헤엄치고/수영하고 있다.

물고기가 바닷속 물풀 사이를 유영하거나 헤엄친다고 할 수는 있어도 수영한다고 할 수는 없고(㉣의 경우), 거대한 수족관 안을 다이버가 유영하거나 헤엄친다고 할 수는 있어도 수영한다고 하기는 어렵다(㉤의 경우). 수족관의 다이버가 업무를 위해 물속을 움직이는 것은 스포츠나 여가가 아니므로 수영이라고 하는 것은 적절치 않다.

㉥ 우주인이 달나라를 유영하는/헤엄치는/수영하는 모

습이 TV로 중계되었다.

㉑ 낙하산에 의지해 하늘을 유영하는/헤엄치는/수영하
는 모습은 새처럼 아름다웠다.

우주인이 무중력의 공간을 헤엄치듯 이동하거나(㉕의
경우), 높은 산에서 낙하산을 타고 새처럼 활공하는 것(㉑의
경우)을 유영이라고 하기도 하는데, 이 경우에는 헤엄친다
거나 수영한다고 할 수 없다.

참고 문헌

『표준국어대사전』 국립국어원 편저, 두산동아, 1999(웹사전 포함).

『두산세계대백과사전』 두산동아, 웹사전으로 참고.

『고려대 한국어대사전』 고려대학교 민족문화원 국어사전편찬실 편저,
　　　고려대민족문화연구원, 2009(웹사전 포함).

『연세 현대 한국어사전』 연세대학교 언어정보연구원 편저, 웹사전으로 참고.

『표준조선말사전』 이윤재 지음, 김병제 엮음, 어문각, 1947.

『큰사전』 한글학회 편저, 을유문화사, 1947~1957.

『유의어·반의어 사전』 김광해 편저, 한샘, 1983.

『금성판국어대사전』 금성출판사, 1991·1996.

『우리말큰사전』 한글학회 편저, 어문각, 1992.

『뉘앙스풀이를 겸한 우리말 사전』 임홍빈 지음, 아카데미하우스, 1993.

『우리말 어원사전』 김민수 지음, 태학사, 1997.

『연세한국어사전』 연세대학교 언어정보연구원 편저, 두산동아, 1999.

『훈민정음 국어사전』 금성출판사, 2004.

『남영신의 한국어 용법 핸드북』 남영신 지음, 모멘토, 2005.

『한국어 연어사전』 김하수 외 지음, 커뮤니케이션북스, 2007.

『국어의 고수』 최성우 지음, 커뮤니케이션북스, 2009.

『한국어 유의어사전』 조민정·봉민정·손혜옥·전후민 지음, 도서출판 박이정,
　　　2012.

『한국어 어원사전』 김무림 지음, 지식과교양, 2012.

『일본에서 온 우리말사전』 이한섭 지음, 고려대학교출판부, 2014.

『말맛을 더하고 글맛을 깨우는 우리말 어원 이야기』 조항범 지음, 예담, 2016.

우리말 어감사전
: 말의 속뜻을 잘 이해하고 표현하는 법

2021년 5월 4일   초판 1쇄 발행
2024년 9월 4일   초판 17쇄 발행

지은이
안상순

펴낸이	**펴낸곳**	**등록**
조성웅	도서출판 유유	제406-2010-000032호 (2010년 4월 2일)

주소
경기도 파주시 돌곶이길 180-38, 2층 (우편번호 10881)

전화	**팩스**	**홈페이지**	**전자우편**
070-7731-3155	0303-3444-4645	uupress.co.kr	uupress@gmail.com

페이스북	**트위터**	**인스타그램**
facebook.com /uupress	twitter.com /uu_press	instagram.com /uupress

편집	**디자인**	**마케팅**
사공영, 김정희	이기준	전민영

제작	**인쇄**	**제책**	**물류**
제이오	(주)민언프린텍	라정문화사	책과일터

ISBN 979-11-89683-88-7 03710

우리말 공부 · 사전

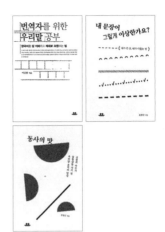

번역자를 위한 우리말 공부

한국어를 잘 이해하고 제대로 표현하는 법

이강룡 지음

외국어 실력을 키우는 번역 교재가
아니라 좋은 글을 판별하고 훌륭한
한국어 표현을 구사하는 태도를 길러
주는 문장 교재. 기술 문서만 다루다
보니 한국어 어휘 선택이나 문장
감각이 무뎌진 것 같다고 느끼는 현직
번역자, 외국어 구사 능력에 비해
한국어 표현력이 부족하다 여기는
통역사, 이제 막 번역이라는 세계에
발을 디딘 초보 번역자 그리고 수많은
번역서를 검토하고 원고의 질을
판단해야 하는 외서 편집자가 이 책의
독자다.

동사의 맛

교정의 숙수가 알뜰살뜰 차려 낸
우리말 움직씨 밥상

김정선 지음

20년 넘도록 문장을 만져 온 전문
교정자의 우리말 동사 설명서.
헷갈리는 동사를 짝지어 고운 말과
깊은 사고로 풀어내고 거기에
다시 이야기를 더해 재미있게
읽을 수 있도록 했다. 일반 독자라면
책 속 이야기를 통해 즐겁게 동사를
익힐 수 있을 것이고, 우리말을
다루는 사람이라면 사전처럼
요긴하게 쓸 수 있을 것이다.

내 문장이 그렇게 이상한가요?

내가 쓴 글, 내가 다듬는 법

김정선 지음

어색한 문장을 살짝만 다듬어도 글이
훨씬 보기 좋고 우리말다운 문장이
되는 비결이 있다. 20년 넘도록 단행본
교정 교열 작업을 해 온 저자 김정선이
그 비결을 공개한다. 저자는 자신이
오래도록 작업해 온 숱한 원고들에서
공통으로 발견되는 어색한 문장의
전형을 추려서 뽑고, 문장을 이상하게
만드는 요소들을 간추린 후 어떻게
문장을 다듬어야 유려한 문장이 되는지
요령 있게 정리해 냈다.

만화 동사의 맛

이야기그림으로 배우고 익히는
우리말 움직씨

김영화 지음, 김정선 원작

교정의 숙수가 알뜰살뜰 차려 낸
우리말 움직씨 밥상 『동사의 맛』이
만화로 재탄생했다. 헷갈리는 동사와
각 동사의 뜻풀이, 활용법, 예문
그리고 이야기로 구성된 원작을
만화라는 형식으로 가져오면서
남자와 여자의 이야기, 동사의
활용법을 네모난 칸과 말풍선 안에
펼쳐 보였다. 이 책은 그림 사전의
역할도 한다. 동사의 뜻풀이에 그림이
곁들여지면 좀 더 확실하게 개념이
파악되고 생생하게 기억에 남는다.
그림과 이야기를 따라 책장을 술술
넘기다 보면 다양한 동사의 기본과
활용 지식이 머릿속에 차곡차곡
쌓이게 될 것이다.

후 불어 꿀떡 먹고 꺽!

처음 맛보는 의성의태어·이야기

장세이 지음

한국어 품사 교양서 시리즈 2권.
의성의태어를 좀 더 깊이 들여다볼 수
있도록, 상황에 따라 나누고 뜻에
따라 갈래지은 책이다. 저자는
우리가 일상에서 생활하면서
느끼는 것들을 표현한 다종다양한
의성의태어를 새롭고 발랄한 언어
감각으로 선보인다. 생동감 넘치는
의성의태어 설명과 더불어 재미난
이야기를 통해 실제 용례를 확인할 수
있다. 의성의태어 활용 사전으로도
유익하다.

국어사전 혼내는 책

우리말의 집을 튼튼하게 짓기 위하여

박일환 지음

국어사전은 양보다 질이 중하다.
사전에 실리는 낱말의 수를 무작정
늘리려 애쓰기보다는 분명한 기준을
세우고 그에 따라 표제어를 선정해
이해하기 쉽고 정확하며 관련된
최대한의 정보를 담은 풀이를 달아
줘야 한다. 그러나 지금 국어사전의
현실은 풀이가 부실하거나, 표제어로
올린 기준이 모호하거나, 출처가
불분명하거나, 풀이에 일관성이
없거나, 정보가 잘못되었거나, 어떻게
쓰이는 낱말인지 전혀 알 길이 없는
경우가 다반사다. 이 책은 양질의
국어사전을 이용하고 싶어 하는
국어사전 애용자의 깊은 관심과
애정이 담긴 쓴소리다.

오롯한글

글맛, 글씨맛 나는 한 글자의 세계

장세이, 강병인 지음

자연의 소리를 본뜨고 모양을 흉내 낸
다양한 의성의태어, 그 가운데 가장
짧지만 삼라만상을 다 품은 한 글자
단어들만 뽑아 다룬 책이다. 『후 불어
꿀떡 먹고 꺽!』으로 800여개의
우리말 의성의태어를 독자에게
소개한 장세이 작가가 글을, 드라마
「미생」 등의 제목과 '참이슬'과 '화요'
등의 상표 글씨를 써낸 캘리그래퍼
강병인이 글씨를 썼다.
한글을 더 깊이 알고 글과 제대로
놀고 싶어 하는 이들, 귀에 쏙 박히는
말, 감칠맛 나는 문장을 구사하고
싶어 하는 이들, 고유한 한글의 멋을
품은 글씨를 새롭게 디자인하고
써내고 싶어 하는 이들에게 추천한다.

사전 보는 법

지식의 집을 잘 짓고 돌보기 위하여

정철 지음

갈수록 보는 사람이 줄어들어 사실상
개정과 편찬 작업을 멈춘 우리
사전의 현 상황을 돌아보고 그렇다면
사전을 어떻게 이용해야 하는지,
문제점을 개선할 방법이 있는지,
정제되지 않은 정보가 넘쳐나는
시대에 좋은 사전이 얼마나 강력한
도구가 될 수 있는지 등을 고민하며
수집한 이야기를 다룬다. 공부하는
사람에게 좋은 사전은 '믿을 만한
지식의 집'과 같다. 『사전 보는 법』은
바로 이 집을 잘 짓고 돌보는 방법에
관한 책이다.